거짓말의 철학

NORLA
Norwegian
Literature Abroad

This translation has been published
with the financial support of NORLA.

This edition is translated from the English edition of the original
Norwegian edition, *A Philosophy of Lying*, translation by Matt Bagguley,
published by Reaktion Books, London.

거짓말의 철학

거짓 세상의 파도 위에서 철학으로 중심잡기

라르스 스벤젠   이재경 옮김

* HB PRESS *

내가 거짓말에 대한 책을 쓰게 된 것은 역설적이게도 최근 수년간 진실에 대한 관심이 커졌기 때문이다. 내 관심사는 상응이나 일관으로서의 진실을 다루는 전통적, 철학적 이론들에 있지 않았다. 그런 이론들이 흥미롭지 않은 것은 아니지만, 내 진짜 관심은 인간 상호작용, 특히 정치적 관계에서 진실이 하는 역할이었다. 그리고 이런 탐구의 일환으로 진실truth과 진실성truthfulness의 도덕적 의미를 규명하고, 진실할 책임을 저버리는 행위들, 즉 거짓말과 개소리와 트루시니스를 파헤치고 싶었다.

　내가 이 책을 쓰던 당시에는 도널드 트럼프가 현대 정치계에서 가장 두각을 나타내는 거짓말쟁이였는데, 이후 러시아의 블라디미르 푸틴에게 압도적인 차로 추월당했다. 물론 푸틴 정권은 과거 소련 시대의 기만적 관행들을 이어받아 오랫동안 거짓말을 해 왔다. 그러다 우크라이나 침공 이후 거짓말도 전쟁처럼 확대일로를 걸었다. 푸틴 정권은 한나 아렌트가 현대판 정치 거짓말이라 불렀던 것, 특히 나치정권과 공산체제들이 일삼았던 전체주의 기만행위를 단적으로 구현하고 있다. 이런 종류의 거짓말은 현실 파괴를 목표한다. 즉 현실이 더는 거짓과 맞설 수 없게 만들고, 결국 현실을 새로운 현실로 대체한다. 이 거짓말은 이렇게 말한다. 우크라이나라는 합법적 국가와 우크라이나 시민이란 사람들은 존재하지 않으며, 그 모두는 마땅히 러시아에 속한다. 따라서 우크라이나로 불리는 모든 것은 과거 레닌과 스탈린의 은총을 잃은 사람들이 단체사진에서 사라졌던 것과 같은 방식으로 지워져야 한다.

우크라이나의 흔적을 모조리 말살하면 '우크라이나는 없다'는 구호가 사실이 된다. 이를 위해서라면 허용 가능하지 않을 거짓말이 없어 보인다. 우크라이나가 '네오나치 집단'의 지배하에 있다거나, 우크라이나에 조류를 이용해 러시아에 병원균을 퍼뜨리기 위한 생물학전 연구소들이 있다는 식의 터무니없는 주장들이 난무한다. 침공 2주 후 러시아 외무장관 라브로프가 "우리는 우크라이나를 침공하지 않았다."고 주장한 일도 빼놓을 수 없다.

이 거짓말들에는 일관성이 있기도 하고 없기도 하다. 러시아는 어느 때고 비난받을 일을 한 적이 없다는 공통된 메시지가 있다는 점에서는 일관성이 있지만, 러시아가 정확히 무엇을 왜 했는지에 대한 설명이 중구난방인 점에서는 일관성이 없다. 푸틴 정권은 이 설명들의 자가당착을 문제로 보지도, 부끄러워하지도 않는다. 거짓말의 거미줄은 유연하고, 끝없이 변한다. 목적은 정확한 설명을 제공하는 것이 아니라 진실이 세상 빛을 보기도 전에 무효화하는 것이다.

민주주의 지도자들이 신뢰를 구한다면, 권위주의 지도자들은 신뢰를 명령한다. 푸틴 정권은 실질적 신뢰 기반의 부재를 용감히 지적하는 사람이 있으면 그게 누구든 가혹하게 탄압한다. 권위주의 지도자는 **맹목적인 신뢰를 명령하**

는 반면, 민주적 지도자는 반성적反省的 신뢰를 구한다. 반성적 신뢰란 늘 불신의 여지를 허용하고, 끝없이 이유를 묻고, 정치지도자들에게 그들의 정책에 대해 책임을 묻는 신뢰를 말한다. 불신을 위한 공간을 열어 놓는 것은 사실상 더 큰 신뢰를 촉진한다. 그 밖의 신뢰 증진 요소들은 낮은 부패 정도, 법치주의, 평등, 교육, 개인화다.

노르웨이인은 지구상 최고 수준의 대인신뢰도를 자랑한다. 노르웨이인은 세계에서 가장 순진한 국민으로 통할 정도로 사람을 잘 믿는다. 노르웨이 사람들의 대인 신뢰 성향은 노르웨이가 고도로 동질적인 사회라는 사실과 무관하지 않을 것이다. 우리에게 동류로 인식되는 사람들을 신뢰하는 경향이 있다는 것은 널리 입증된 사실이다. 또한 노르웨이의 높은 대인 신뢰 수준은 노르웨이의 국가 복지 시스템보다 훨씬 오래됐다. 복지국가가 신뢰를 창출한다기보다 높은 신뢰 수준이 복지국가의 초석이라고 말할 수 있다. 노르웨이인들의 대인 신뢰 수준이 높은 또 다른 이유는 아마도 사회가 고도로 개인화되었기 때문일 것이다. 노르웨이는 전체 가구의 거의 절반이 1인 가구다. 개인화된 사회들은 대인 신뢰 수준이 높고, 집단주의 사회들은 대인 신뢰 수준이 낮은 양상을 보인다. 또한 개인주의 문화권의 사람들의 신뢰 반경이 훨씬 크다고 한다. 다시 말해 그들은 자신이 속한 가족과 민족집단만 아니라 전혀 연고가 없는 사람들도 신뢰한다.

민주주의는 신뢰가 규준이 아닌 사회에서는 제대로 기능하지 못한다. 정치인과 시민이 대체로 진실에 매진하지 않는 곳에서는 민주주의가 작동하지 않는다. 가장 근본적인 민주주의의 가치는 자유 증진 역량에 있다. 진실하지 않은 사람들은 자유를 위기에 빠뜨린다. 민주주의는 우리가 서로를 자기결정권을 행사할 권리와 역량을 모두 겸비한 동등한 상대로 간주할 것을 요구한다. 거짓말은 남을 자신이 임의로 가담한 목적을 달성하기 위한 수단으로 이용하는 것이다. 거짓말은 상대를 사실관계가 아닌 자기 의지에 예속시키려는 행동이다. 그러므로 거짓말은 우리의 상호관계가 자유롭고 동등한 관계라는 민주주의 계약에 대한 위반이다.

제대로 작동하는 민주주의는 거저 얻어지지 않는다. 민주주의는 익은 감이 절로 떨어지듯 실현되지 않는다. 끊임없는 유지관리가 필요하다. 이런 지속성의 필수 요소는 우리가 진실하면 우리의 주장이 남들을 설득할 수 있다는 희망이다. 진실성만으로는 민주주의의 존속이 충분하지 않을 수 있다. 하지만 진실성이 없으면 민주주의는 반드시 죽는다.

2022년 10월 10일, 오슬로에서
라르스 스벤젠

차례

내가 화가 난 것은

당신이 내게 거짓말을 해서가 아닙니다.

내가 더는 당신을 믿을 수 없기 때문입니다.

– 프리드리히 니체,《선악의 저편》

누구나 거짓말한다. 모두가 거짓말을 비난한다. 우리는 거짓말이 잘못이라는 데 동의하면서도 거짓말을 한다. 우리는 자신의 이익을 위해서 거짓말한다. 실제보다 잘나 보이고 싶거나 못나 보이기 싫어서, 유리한 위치를 점하기 위해서, 또는 곤란과 불편을 면하기 위해서 거짓말한다. 때로는 타인의 이익을 위해서도 거짓말을 한다. 특히 상대가 기분 상하는 일을 막기 위한 거짓말을 많이 한다. 타인을 위한 거짓말인지 자신을 위한 거짓말인지 구분이 어려울 때도 많다. 그 경우 우리는 남을 위한 거짓말이라고 생각하길 좋아한다.

하지만 그것조차 자신에게 하는 거짓말일 때가 많다.

내가 처음으로 거짓말한 때가 언제였던가? 무엇에 대한 거짓말이었나? 기억이 나지 않는다. 아마 서너 살 때였을 것이다. 그때가 사람이 태어나 슬슬 거짓말을 시작하는 때다. 아마 잘못을 저질러 놓고 꾸지람을 피하기 위해서였을 것이다. 나는 거짓말에 능했던 적이 없다. 하지만 아버지는 가공할 거짓말쟁이였다. 악의적인 거짓말은 아니고 그저 장난이었지만 형과 나는 매번 속아 넘어갔다. 반면 어머니는 매번 아버지의 속셈을 간파했다. 나는 거짓말로 남을 속여넘겨 본 일이 거의 없었다. 나는 가족 중 막내였다. 막내의 불리한 점 중 하나는 모두가 나보다 심리적으로 한수 위라는 것이다. 그것이 내가 거짓말에 숙달하지 못한 이유기도 했다. 나는 성공률이 바닥을 쳤고, 따라서 지속할 영감 따위를 얻지 못했다.

그렇다고 내가 거짓말과 완전히 담쌓고 산 것은 아니었

다. 거짓말의 가능성에 눈뜬 이래 나는 나와 관계있는 사람 모두에게 거짓말을 했다. 부모님, 형, 아내, 여자친구들, 아이들, 친구들, 동료들. 나는 주위 사람들에게 빠짐없이 거짓말했다. 그런데 말하고 보니 갑자기 해명의 필요를 느낀다. 내가 대체적으로는 이들 모두에게 정직했다는 것을 말해 두고 싶다. 우리가 정직한 것이 인품이 좋아서만은 아니다. 정직하게 사는 것이 편하기 때문이기도 하다. 거짓말하는 사람은 진실한 사람에 비해 기억할 것이 두 배다. 실제가 어땠는지도 기억해야 하고, 자신이 어떻게 말했는지도 기억해야 한다. 나는 복잡하지 않은 삶을 선호한다. 이런 점에서 정직은 내게 도덕성 문제인 만큼이나 편의의 문제다. 하지만 자기 편의만 따지는 것은 도덕적 삶을 위한 좋은 토대가 될 수 없다.

내가 평생 했던 거짓말을 생각해 본다. 그중 대부분은 '하얀' 거짓말이었다고 생각하고 싶다. 실제로, 듣기 좋은 말을 해서 상대를 직접적으로 보호하거나, 남들에게 좋게 말해 주는 방법으로 상대를 간접적으로 돕는 거짓말이 많았다. 하지만 나는 '회색' 거짓말이나 심지어 '검정' 거짓말도 적잖이 했다. 그럴 때 유일한 고려사항은 나 자신이었다. 진실을 말하는 것이 거짓말하는 것보다 내게 더 많은 불편이나 문제를 야기할 것 같을 때 주로 거짓말이 나온다. 또한 거짓말 중에는 고의적으로 남을 해치는 데 쓰이는 정말로 칠흑처럼 까만 거짓말도 있다. 내가 한 거짓말 중에 이런 악마적 거짓말은 없었기를 빈다. 하얀 거짓말이 대부분이었을 것으로 믿는다. 그렇다면 내가 한 일은 문제없는 일인가? 하얀 거짓말은 도덕적으로 허용될까? 물론, 이런 상상도 가능하다. 만약 내가 극도의 자기기만에 빠진 사람이라서 내 부정직함의 정도를 내 자신에게 감추고 있다면? 하지만 나는 자기기만자가 아니다. 그렇게 믿는다.

대부분의 사람들은 대체로 정직하다. 대부분은 평균보

다 거짓말을 훨씬 적게 한다. 우리 중에 평균을 가파르게 끌어올리는 소수가 있기 때문이다.[1] 거시적으로 봤을 때 거짓말은 우리가 서로에게 하는 말 전체에서 아주 작은 부분에 해당한다. 하지만 이것이 거짓말이 중요한 현상이 아니라는 의미는 아니다. 충분히 심각한 거짓말은 딱 한 번만으로도 결혼, 우정, 경력, 심지어 인생을 망칠 수 있다.

오늘날 거짓말에 대한 철학적 담론은 주로 거짓말을 어떻게 정의할지의 문제를 중심으로 전개된다. 즉 거짓말의 성립 요건은 무엇인지, 거짓말을 다른 유사 현상들과 구분하는 요인은 무엇인지를 주로 다룬다. 이런 담론들은 주로 언어철학 분야에서 일어난다.[2] 나도 이 문제들을 다루겠지만, 내 연구의 중심에는 언어철학보다는 윤리적 쟁점들이 자리한다. 사회심리학에서도 거짓말이 광범하게 연구된다. 하지만 그것 역시 이 책의 중점은 아니다.[3] 다만 사회심리학 분야의 몇몇 발견들을 여기에 간략히 언급하자면 다음과 같다. 사람들은 대면 소통보다 문자메시지 같은 비대면 소통 시에 거짓말을 더 많이 한다. 외향적인 사람들이 내향적인 사람들보다 거짓말을 더 많이 한다. 외향적인 사람들이 사회적 상호작용을 더 많이 한다는 사실을 참작해도 그렇다. 남성과 여성은 얼추 비등하게 거짓말한다. 다만 여성은 남의 감정을 해치지 않기 위한 거짓말을 많이 하는 반면, 남성은 자신의 걸출함을 강조하기 위한 거짓말을 많이 하는 경향이 있다. 마지막으로, 우리는 친밀한 관계에 있는 사람들에게는 거짓말을 덜 하고, 그런 사람들에게 거짓말하는 것을 더 불편해한다.

　이 책의 1장은 '거짓말을 한다'는 것은 무엇을 의미하는지, 그 개념 명료화에 할애한다. 이를 위해 먼저 진실truth과 진실성truthfulness의 개념을 면밀히 살피고, 다음에는 거짓말의 근친들인 트루시니스truthiness와 개소리bullshit가 거짓말과 어떻게 다른지 살펴본다. 거짓말을 한다는 것은 청자가 화자의 정직을 딱히 의심할 이유가 없는 상황에서, 화자가 자신이 아는 진실과 다른 말을 하는 행위를 말한다. 따라서 거짓말은 의도적인 선택이다. 논의의 진행을 위해서는 이런 기본 용어들에 대한 정확한 개념 정립이 필요하다. 2장에서는 거짓말에 대한 윤리철학의 여러 견해를 다룬다. 결론을 대략적으로 말하자면 이렇다. 거짓말은 거의 언제나 잘못이며, 이 판단에는 하얀 거짓말도 해당된다. 하지만 거짓말이 옹호될 법한 특별한 경우들이 존재한다. 3장에서는 특정 유형의 거짓말로 초점을 좁힌다. 즉 자기 자신에게 하는 거짓말을 다룬다. 우리 인간은 자기기만으로 악명 높다. 그러면서도 우리에게는 스스로에게 정직할 의무가 있는 듯하다. 또한 포괄적 자기기만의 '피해자'는, 즉 스스로에게 진실하지 못한 사람은 남들에게 진실할 가능성도 희박하다. 내가 나를 믿지 못하면 누구도 나를 믿을 수 없다.

　거짓말은 일반적으로 나쁘지만 친구에게 거짓말하는

것이 특히 나쁘다. 친구 사이란 특별한 신뢰 관계를 전제한 사이기 때문이다. 이것이 4장의 주제다. '지인들'이나 '낯선 사람들'에 비해 친구끼리는 서로에게 진실할 의무의 강도가 무척 높다. 이는 친구에게는 그에 관한 불편한 진실도 말해 줄 의무가 있음을 의미한다. 친구 사이와 거짓말에 대한 성찰은 연인이나 배우자와의 관계에도 유효하다. 신뢰에 기반한 돈독한 관계일수록 거짓말의 형태를 한 신뢰 위반은 특히나 심각한 배신행위가 될 수 있다.

5장에서 우리는 사적 영역의 거짓말에서 사회적 차원의 거짓말로 넘어가 정치세계에서 거짓말이 점하는 자리를 살펴본다. 정치에서 거짓말의 역할과 필요에 대한 철학적 접근들을 굵직하게 조명한다. 여기서 플라톤, 마키아벨리, 홉스, 베버, 아렌트 등의 사상가들이 두루 거론된다. 다음에는 현실 정치로 눈을 돌려 정치인들이 거짓말하는 이유와 그들의 거짓말에 도덕적으로 허용 가능한 이유가 있는지 논한다. 이 논의는 특히 국가수반의 거짓말에 주안점을 둔다. 이 장의 끝부분은 많은 이들이 거짓말계의 압도적 거물로 꼽는 정치적 인물, 도널드 트럼프에게 할애한다.

끝으로 6장에서는 우리가 거짓말에 어떻게 대처해야 할 지 모색한다. 이 모색에는 자신의 거짓말에 대한 대처뿐 아니라 남들이 거짓말한다는 사실에 대한 대처를 포함한다. 전자의 경우는 거짓말하는 것을 가급적 피하는 것이 명백한 답이다. 하지만 후자의 경우는 우리의 통제권 밖에 있다. 우리 대부분은 거짓말을 간파하는 데 약하다. 세간에 떠도는 정직과 부정직의 '징후들'은 실전에서는 무용지물이다. 우리가 이런 징후들을 공부해서 배울 수 있는 것은 잘해 봤자 더 능숙한 거짓말쟁이가 되는 요령일 뿐, 더 능숙한 거짓말 탐지꾼이 되는 방법은 아니다. 다만 사람들이 대체로 진실을 말한다고 가정하는 것이 현명하다. 이유는 간단하다. 실제로 사람들은 대체로 진실을 말하기 때문이다. 속을 때도 있겠지만 평생 타인에 대한 만성적 불신을 안고 사는 것보다는 가끔 뒤통수를 맞는 편이 낫다.

1장.
거짓말이란 무엇인가

진실과 진실성

거짓말을 설명하려면 진실에 대한 정립된 이론이 필요하다고 생각할 수 있다. 거짓말을 진실의 반대 개념으로 생각하기 때문이다. 하지만 그렇지 않다. 거짓말의 반대는 진실truth이 아니라 진실성truthfulness이다. 우리가 일반적으로 생각하는 진실의 의미는 복잡하지 않다. 노르웨이 사상가 아르네 네스(Arne Næss, 1912~2009)가 일반인을 대상으로 진실에 대한 인식을 조사했다. 설문에 참여한 오슬로 베타콜렌의 주민들에게서 상당히 빈번하게 나온 답변은 "있는 그대로라면 그게 진실이다."였다.[1] 이는 아리스토텔레스가《형이상학》에서 정의한 '진실'과 상통한다. "없는 것을 있다고 말하는 것, 또는 있는 것을 없다고 말하는 것은 거짓이고, 있는 것을 있다고 말하는 것과 없는 것을 없다고 말하는 것이 진실이다."[2] 이에 따르면 '눈은 하얗다'라는 진술은 눈이 정말로 하얄 때만, 오직 그때만 진실이다.

진실에 대한 위의 설명이 일견 합리적으로 보일지는 몰라도 대단히 계몽적이지는 않다. 자연스럽게 이런 의문이 생기기 때문이다. 우리가 어떤 것을 두고 어떻다고 말하는 것은 무엇을 의미할까? 그것이 정말로 그런지 우리에게 결정할 능력이 있을까? 석연치 않다. 우리는 진실이 정말로 무엇인지에 대한 좀 더 '심오한' 설명의 필요성을 느낀다. 그래서 아리스토텔레스 이후 세상에 여러 철학 이론이 생겨났다. 많은 이론이 수천 년에 걸쳐 다양하게 개발됐고, 모두 진실의 본질 해명에 주력한다. 하지만 우리가 2,500년 전보다 오늘날 만족스러운 답에 더 근접했다는 증거는 없다. 많은 이론 중 일례를 들자면 이렇다. 진실은 진술과 사실의 일치성으로 이해될 수 있다. 또 다른 일례는 이렇다. 진술이 진실이려면, 그 진술이 우리가 진리라고 인식하는 진술들 모두에 포괄적으로 부합해야 한다.

진리에 대한 만족스런 이론을 찾기가 어려운 것은 애초에 그런 이론을 찾는 것이 실패할 운명이기 때문은 아닐까? 우리가 많이 접하는 진리 이론들에는 공통점이 있다. 진리에는 일종의 핵심이 있으며 그 핵심을 하나의 이론으로 정립할 수 있다고 가정하거나, 진리에는 특정한 속성이 있으며 그 속성을 하나의 이론으로 해명할 수 있다고 가정한다. 하지만 많은 것이 시사하듯 '진리'의 개념은 애초에 너무나 근본적이라서 무언가 더 심오하거나 더 근본적인 것을 통해 설명한다는 것은 사리에 맞지 않다. 그런 의미에서 나는 이른바 최소주의minimalist 이론에 어느 정도 동의한다. 최소주의는 이렇게 말한다. 문제가 6백만 명에 달하는 유대인이 나치에 의해 살해당했는지 여부에 관한 것인가? 그렇다면 진실은 '그렇다'다. 문제가 인간에게는 46개의 염색체가 있고 감자에는 48개가 있는지 여부에 관한 것인가? 그렇다면 진실은 '그렇다'다. 최소주의는 진실에 대해 할 말은 이것뿐이라고 주장한다. 이처럼 나름의 판단 기준에 근거해 깔끔하게 판단될 수 있는 문제들이 많다. 하지만 여기에는 모든 문제에 공통되며 따라서 '진실의 본질'을 구성한다고 할 만한 '심오하거나' '흥미로운' 자질이 없다. 어쩌면 이 정도 진리 이론이면 충분할지 모른다. 이미 우리 모두는 무언가에 대해 진실을 말한다는 것이 무엇을 의미하는지 알기 때문이다. 그것은 있는 그대로 말하는 것이다.

진리에 대한 일상적인 이해만 있어도 사는 데는 크게 지장 없다. 우리 주변의 소소한 진실들의 예를 들어 보자. '런던은 영국의 수도다.' '7월 4일은 미국의 독립기념일이다.' '금은 물보다 무겁다.' '태양은 달보다 크다.' '2 + 2 = 4.' 분별 있는 사람이라면 이 진술들이 진실임을 의심하지 않는다. 이런 진술들을 전형적 진실paradigmatic truth이라 할 수 있다. 사람들은 아직 발견하지 못한, 또는 어쩌면 영원히 발견하지 못할 진실도 있다고 생각한다. 예컨대 우리는 1986년에 누가 스웨덴 총리 올로프 팔메(Olof Palme, 1927~1986)를 암살했는지 알지 못한다. 최근 스웨덴 당국이 암살 용의자를 지목하기도 했지만, 우리는 여전히 이 사건에 대해 밝혀지지 않은 진실이 있다고 생각한다. 따라서 이 경우에는 '팔메 총리를 살해한 범인의 정체는 여전히 오리무중이다.'가 진실에 가깝다. 이런 종류의 도덕적 또는 심미적 진실도 진실인지에 대해서는 논란의 여지가 있지만, 이 책에서는 논하지 않기로 한다.

　내 말이 거짓말인지 여부는 내 말이 참인지 거짓인지에 달려 있지 않다. 내가 내 말을 참으로 믿는지 거짓으로 믿는지에 달려 있다. 예를 들어 보자. 나는 피고인이 유죄 선고를 받았다는 기사를 읽고 그 정보를 친구에게 전했다. 그런데 재판 결과를 보도한 기자가 기사를 쓸 때 '무죄'를 실수로 '유죄'로 쓴 것으로 밝혀졌다. 다시 말해 피고인은 유죄 판결을 받지 않았다. 이때 내가 친구에게 말한 내용은 사실이 아니지만 나는 거짓말한 것이 아니다. 진실에 대한 혼동이 있을 때는 이처럼 거짓말 행동 없이도 거짓말을 할 수 있다. 거짓말의 성립 요건 중에 말의 내용이 허위여야 한다는 요건은 없다. 내가 내 말을 허위라고 믿었다면 그걸로 충분하다. 내가 총리와 제1야당 당대표가 바람을 피운다고 말한다 치자. 나는 그것이 사실이 아니라고 확신한다. 하지만 주변 사람들이 그것을 사실로 믿기를 바란다. 이 경우 설사 훗날 두 사람이 각자 회고록을 써서 당시 둘이 실제로 불륜 관계였음을 밝힌다 해도, 그날의 내 말은 여전히 거짓말이다. 이때의 거짓말은 '진실한 거짓말'인 셈이다. 내 말이 거짓말인지 아닌지를 결정하는 것은 내가 말하는 내용에 대한 나의 인식이지 그 내용 자체는 아니기 때문이다.

다시 말하지만 거짓말의 반대는 진실이 아니라 진실성이다. 영국 철학자 버나드 윌리엄스(Bernard Williams, 1929~2003)는 진실성의 두 가지 덕목이 정확성accuracy과 진정성sincerity이라고 했다.[3] 정확성은 진실 확인에 애쓰는 것이고, 진정성은 진실 전달에 애쓰는 것이다. 진실과 허위를 구분하려는 노력이 없으면 진정성은 가치가 없다. 또한 진실이라고 믿는 것만 말하지 않으면 정확성도 무용지물이다. 이 두 가지 덕목이 모두 있어야 믿을 수 있는 사람이다. 우리는 두 가지 방식으로 진실을 저버릴 수 있다. 정확을 기하지 않거나, 진정을 전하지 않거나.

정확성부터 따져 보자. 우리는 믿는 바에 대한 신빙성을 확보하기 위해 어디까지 노력해야 할까? 분명한 것은 해당 사안이 얼마나 중요한지에 달려 있다는 것이다. 사사건건 최대한의 확실성을 추구하면 우리는 아무것도 해내지 못한다. 모든 것을 일일이 해명하는 것은 불가능하다. 우리는 무엇을 더 면밀히 조사하고, 더 넓고 깊게 조망하고, 어떤 대안을 모색할지 늘 선택해야 한다. 그리고 어느 시점에는 이 정도 증거면 충분하다는 실용적인 결정을 내려야 한다. 일상의 사소한 일들의 경우 대개는 깊이 파고들거나 많은 대안을 탐색할 필요가 없다. 하지만 중요한 의견을 개진하거나 남들에게 영향을 미칠 일을 할 때는 요구 수준이 훌쩍 올라간다. 자기 견해의 정확성을 기하려는 아무런 노력도 하지 않는 사람은 견해를 가질 도덕적 권리가 없다. 자기 견해에 대해 남들의 지지를 요구할 권리는 더더구나 없다. 물론 사상의 자유는 기본 권리다. 우리에게는 남에게 무엇을 진실로 여길지 강요할 권리가 없다. 하지만 그건 법적인 문제다. 사상의 자유가 개인에게서 자기 의견의 정확성을 점검할 도덕적 책임을 면제해 주지는 않는다.

우리는 진실과 트루시니스truthiness를 구분할 필요가 있다. 트루시니스는 사실 여부의 확인 없이 자기가 믿고 싶은 것을 사실로 인식하는 것을 뜻한다. 2005년 미국 코미디언 스티븐 콜베어가 이라크에 대량살상무기가 있다는 미확인 정보를 근거로 이라크전쟁을 일으킨 부시 정권을 풍자하며 사용한 말이다. 이 말이 유행어가 되면서 같은 해에 미국방언협회American Dialect Society가 트루시니스를 '올해의 단어'로 선정했다. 현재 트루시니스는 사실과 논리 대신 직감에 의지해 무엇이 진실인지를 정하는 수사적 전략을 부르는 말로 쓰인다. 진실처럼 보이거나 느껴지는 것을 진실로 결론 내리고, 아무런 진상 파악의 노력을 하지 않는다면? 이 경우 진실가치는 객관적 사실이 아니라 화자의 정서에 따라 결정

된다. 즉 어떤 것이 진실처럼 느껴지면 진실이 된다. 이런 접근의 최대 문제는 진실처럼 인식되는 것과 실제 진실을 구분하지 않는다는 데 있다. 그 구분이 없어지면 오판 가능성도 없어진다. 진실이 존재하지 않고, 다만 진실스러운truthy 신념들만 다양하게 존재할 뿐이다. 오판 가능성이 없다면 진실을 논할 수조차 없게 된다. 진실스러운 것과 진실을 구분하지 못하면 우리는 무엇도 진실이라고 부를 수 없다. '진실'은 무의미한 표현이 되고 만다.

하지만 우리가 진실이라고 믿는 것이 실제로 진실이라는 보장이 없다. 따라서 우리가 진실이라고 인식하는 것은 늘 잠정적인 상태에 머문다. 즉 진실은 증거를 초월한다. 진실은 언제나, 원칙적으로, 우리가 주장을 위해 보유한 증거 너머에 있다는 의미다. 달리 말하면 이렇다. 우리가 무언가를 진실이라고 여기는 이유가 아무리 탄탄해도 언제나 오류의 여지가 있다. 우리가 진실이라고 여기는 것이 실제로 진실인지 아닌지 우리로서는 온전히 확신할 수 없다. 따라서 우리는 항상 오판 가능성을 염두에 두고 계속 새로운 진실들을 찾아야 한다. 그 경우에만 내가 진리 탐색자로서 책임감 있고 성숙하게 행동한다고 말할 수 있다. 우리는 과거의

진실가치(truth value): 진술이 진실해 보이는 정도에 따라 진술의 가치를 판단하는 척도.

성공 경험에 안주할 수 없다. 오늘날 자명해 보이는 것이 내일은 형편없는 망상처럼 보일 수 있기 때문이다. 이는 우리가 세상의 진실에 결코 다가서지 못한다는 뜻일까? 그렇게 말하면 너무 부정적이다. 우리가 궁극의 진실에 도달했는지 여부는 결코 알 수 없겠지만, 적어도 오판들을 부단히 뒤로 물리며 전진할 수 있다.

독일 철학자 이마누엘 칸트(Immanuel Kant, 1724~1804)는 계몽의 개념을, 자신의 지성을 이용해 '자초한 미성숙'에서 벗어나는 것으로 정의했다.

계몽이란 사람이 자기 탓인 미성숙에서 벗어나는 것이다. 미성숙이란 타자의 지도 없이는 자기 지성을 사용할 능력이 없는 상태를 말한다. 미성숙이 **자기 탓인** 이유는 그 원인이 지성의 부족이 아니라 지성을 타자의 지도 없이 사용하려는 결단과 용기의 부족에 있기 때문이다. 따라서 계몽의 모토는 이것이다. **사페레 아우데**Sapere aude! 감히 알려고 하라! 너 자신의 지성을 이용할 용기를 가져라![4]

이는 남들의 생각을 무시하라는 말이 아니다. 내가 생각하는 것, 내가 진眞과 선善으로 여기는 것만 아니라 내가 남들에게 전하는 것에 대해서도 책임져야 한다는 뜻이다. 나는 진실을 통제할 수 없다. 진실은 언제나 내가 무언가를 진실이라고 믿는 이유를 초월해서 존재하기 때문이다. 하지만 내가 나의 진실은 통제할 수 있다. 진실을 말하거나 말하지 않으려는 내 노력에 대한 통제권은 내게 있다.

거짓말의 진수

거짓말을 명확히 정의하기란 쉽지 않다. 거짓말은 흔히 양자택일의 문제라기보다 정도의 문제이기 때문이다. 단지 오해의 소지가 있게 말하는 단계에서 명백히 거짓말하는 단계로 넘어가는 지점을 파악하는 것은 불가능하다. 그런 지점은 따로 존재하지 않는다. 이런 경우를 생각해 보자. 내가 사실만을 말했지만 전체 그림이 허위가 될 만큼 결정적인 정보를 누락했다면? 이때 내가 거짓의 접경지대에 발을 들여놓았다고 할 수 있을까? 칸트 같은 철학자들은 이런 경우는 거짓말이 아니라 단지 기만적 진술이라고 주장할 것이다. 칸트는 기만적 진술은 거짓말만큼 나쁘지 않다고 본다.

앞서 나는 진실의 두 가지 덕목 중 하나는 정확성이며, 정확성은 상황을 오해의 소지 없이 표현하는 것이라고 말했다. 거짓말인지 아닌지를 가늠하는 주요인이 말의 구체적 문구에 국한되어서는 안 된다. 설사 진술 내용이 문자 그대로는 사실이라 해도, 진술의 목적이 사람들에게 사실이 아닌 것을 사실로 믿게 하려는 데 있다면 그 말은 여전히 거짓말일 수 있다. 1998년 당시 미국 대통령 빌 클린턴은 백악관 인턴이었던 모니카 르윈스키와 부적절한 관계가 있었느냐는 질문에 "부적절한 관계는 없다."고 답했다. 문자 그대로 해석하면 이 말은 사실이었다. 클린턴이 이 대답을 한 시점에는 그와 르윈스키 사이에 더는 부적절한 관계가 없었기 때문이다. 하지만 이 대답의 목적은 대중에게 과거에도 부적절한 관계가 없었다는 인상을 주는 것이었다. 그 대답이 무슨 의미인지 자세히 말해 달라는 요구에 클린턴은 이렇게 말했다. "그것은 성적 관계, 또는 부적절한 성적 관계, 또는 다른 어떠한 종류의 부적절한 관계도 없다는 것을 의미한다." 그러자 기자가 대놓고 물었다. "과거에 이 여성과 어떠한 성관계도 갖지 않았나요?" 클린턴이 다시 대답했다. "성적 관계는 없다. 그건 정확한 사실이다." 클린턴은 과거의 행동을 특정해서 묻는 질문들에 꿋꿋이 현재 시제로 대답하는 전략을 썼다. 그의 답변은 문자 그대로는 사실이었다. 하지만 진술의 목적은 본인도 허위임을 아는 내용을 대중에게 사실로 믿게 하려는 것이었다. 이런 점에서 그의 진술은 거짓말로 보는 것이 맞다.

진술의 문자 그대로의 의미만 따져서 무조건 거짓말로

간주할 수도 없다. 그 경우 은유나 아이러니 같은 수사적 표현도 무조건 거짓말이 된다. 반대로, 상대의 말이 문자 그대로는 맞는 말이라 해서 반드시 그 말이 진실인 것도 아니다. 문자 그대로는 사실이니까 어쨌든 그 진술은 거짓말이 아니라고 우길 수는 있다. 하지만 그런 판단에서 얻을 것은 별로 없다. 그것은 여전히 언어적 기만의 한 형태며, 거짓말보다 도덕적으로 정당하다고 볼 수도 없기 때문이다.

그럼 완전하고 완벽한 사실이 아닌 모든 것을 거짓말로 본다면 어떨까? 그 경우 우리는 입만 열면 거짓말하는 신세가 된다. 누구도, 무엇에 대해서도 완전하고 완벽한 진실을 말하는 것은 불가능하다. 원칙적으로 모든 현상은 끝도 없고 다함도 없다. 전모는 우리가 말할 수 있는 것보다 항상 크다. 나는 그날 직장에서 무엇을 했는가? 사소한 질문이지만, 이 질문에 완전하고 완벽하게 답할 수 있을까? 내가 그날 한 모든 것을 완전하고 완벽하게 나열할 방법은 없다. 내가 칸트의 이론철학에 대한 입문 강의를 한다고 가정하자. 학생들에게 이 복잡한 이론을 정해진 시간 내에 죽 훑어 주기 위해서는 때로 중요한 내용들도 건너뛸 수밖에 없다. 하지만 나는 학생들에게 칸트 철학은 내 설명보다 복잡하다는 것을 자주 주지시킬 것이고, 또한 내 설명은 강의의 목적에 부합할 만큼 충분히 자세하고 충분히 포괄적이다. 개론적으로 말한다 해서 거짓말은 아니다. 여러분이 의사고, 환자에게 특정 치료를 권한다고 치자. 있을 수 있는 위험을 남김없이 설명하기란 불가능하다. 굵직한 위험들 위주로 설명하는 데 만족해야 한다.

우리의 고의적 누락이 상황을 우리가 믿는 것과 다르게 제시할 때가 우리가 거짓말의 방향으로 움직이기 시작하는 때다. 여기서 진실의 두 가지 덕목 중 나머지 하나인 진정성이 개입한다. 여기가 정치에서 스핀spin 또는 전략적 커뮤니케이션으로 부르는 것에서 거짓말로의 보이지 않는 이행이 일어나는 지점이다. 대체로 정치인들은 자기 입장을 뒷받침하는 정보만 면밀히 취사선택해서 제공한다. 피고 측 변호인의 최종변론도 일종의 스핀이라 할 수 있다. 변호인은 실제 상황이 더 복잡하다는 것을 잘 알면서도, 피고인의 무죄 판단에 유리한 것들만 편향되게 강조한다.

과거 노르웨이 형법에는 '허위 진술'로 국민투표에 영향을 미치려 한 사람은 누구나 3년 이하의 징역형에 처할 수 있다는 조항이 있었다. 하지만 법의 집행이 유예되다가 나중에는 폐지됐다. 만약 이 법조항이 엄격하게 시행됐다면 많은 정치인이 범법자가 됐을 게 분명하다. 그런데 사람들이 거짓말에 예외적인 관용을 보이는 장르가 있다. 바로 선거 공약이다. 선거 공약에는 유난히 느슨한 구속력이 적용된다. 이런 의문이 든다. 유권자들은 선거운동 맥락에서 나온 말들에 진실성이 있을 거라고 기대할까? 하지만 아무리 선거운동 상황이라 해도, 고의적 거짓 전달을 합당하게 봐주겠다는 대중의 합의는 어디에도 없다. 완곡어법과 과장법을 사용하는 것과 노골적인 거짓말은 별개의 문제다. 당선됐을 때 지킬 수 있다는 합리적 확신이 없다면 그런 약속은 선거 공약으로 내세워서는 안 되며, 만약 거짓말을 했다면 반드시 그에 대한 책임을 져야 한다. 이런 맥락에서 아직까지 유효한 판단은 이렇다. 유권자들은 정치인들의 감언이설에 이골이 낫기 때문에, 또는 적어도 그들의 선거 공약 남발에 익숙하기 때문에 거기에 정직성이 있을 거라는 기대가 평소보다 낮지만, 이 경우에도 노골적인 거짓말은 여전히 용납될 수 없다.

스핀은 명백히 사람들을 호도한다. 하지만 거짓말은 아니다. 거짓말은 자신이 아는 사실과 다른 말을 함으로써 남들에게 사실이 아닌 것을 사실로 믿게 하려는 심산일 때만 성립한다. 아우구스티누스의 정의에 따르면 거짓말은 속일 의도를 가지고 자신이 믿는 것에 반하는 것을 말하는 것이다.[5] 거짓말을 어떻게 정의하느냐에 대한 철학적 담론에서는 호도나 기만의 의도를 거짓말의 정의에 포함시켜야 하느냐를 놓고 의견이 크게 갈린다. 거짓말쟁이를 설명할 때 일반적으로 우리는 일부러 자기가 사실로 믿는 것과 다른 말을 해서 남을 속이는 사람을 떠올린다. 그럼에도 나는 기만 의도가 거짓말의 정의에 포함되면 곤란하다고 본다. 남을 속일 의도가 전혀 없어도 명백히 거짓말인 경우가 있기 때문이다.

사실이 아닌 것을 사실로 믿게 만들려는 의도, 즉 남을 속일 의도가 있어야만 거짓말이라고 가정해 보자. 내가 남에게 사실이 아닌 것을 말한다. 나는 그것이 사실이 아니라는 것을 알고 있다. 그런데 나는 상대가 내 말을 사실로 믿을 리 없다는 것도 안다. 그럼 이런 경우는 어떻게 봐야 할까? 간단히 말해, 너무 뻔한 거짓말이라서 남을 속일 의도가 있다고 보기 힘든 거짓말도 있다는 뜻이다. 예를 들어 내게는 병적인 도벽이 있고 남들에게도 절도광으로 통한다. 어느 날 직장에서 내 옆자리 동료가 책상에 두었던 지갑을 도둑맞았다. 지갑은 그녀가 출력물을 가져오려고 잠시 자리를 뜬 사이에 없어졌다. 지갑을 훔친 사람은 바로 나다. 그녀가 내게 지갑을 훔쳐갔냐고 물었을 때 나는 그 사실을 전면 부인한다. 따라서 나는 진실을 말하고 있지 않으며, 나 또한 내가 진실이 아닌 말을 하고 있다는 것을 안다. 그뿐 아니다. 나는 내게 '이 구역의 도둑놈'이라는 꼬리표가 붙어 있으며, 지갑 주인을 비롯한 어느 누구도 내 말을 믿지 않을 것임도 잘 안다. 따라서 내가 사실과 다른 말로 남을 속여 넘길 가능성은 전혀 없다. 이때의 사실이란 내가 지갑을 훔쳤다는 것이다. 절도 행각을 부인함으로써 내가 얻을 수 있는 것은 처벌을 피하는 것뿐이다. 내 죄를 증명할 방법은 없을 테니까. 이 경우 나는 거짓말로 남을 속일 의도 없이도 명백히 거짓말을 하고 있다.

또 다른 예가 무함마드 사이드 알사하프의 경우다. 알사하프는 사담 후세인 정권에서 정보부장관을 지낸 인물이다. 그는 2003년 미국의 이라크 침공 당시 사담의 대변인으로 매일 언론 브리핑을 하면서 서방세계에 얼굴을 알렸고, '코미컬 알리Comical Ali'라는 별명을 얻었다. 여러 일화가 있지만 그중에서도 그가 바그다드에 미군 탱크가 단 한 대도 없다고 주장했던 일이 유명하다. 당시 기자회견장은 바그다드로부터 불과 수백 미터 떨어진 곳이었다. 현장에 있던 기자들 모두 바그다드에 미군 병력이 들어와 있다는 것을 알고 있었고, 심지어 알사하프가 말하는 중에도 미군과 이라크군의 전투 소리가 생생히 들렸다. 알사하프가 자기 말을 사실로 믿고 있었을 리 없었고, 자기 말을 남들이 믿을 거라고 생각했을 리도 만무했다. 그럼에도 그의 진술은 거짓말로 간주되어야 마땅하다.

이런 뻔뻔한 거짓말, 하지만 기만 의도가 전혀 없어 보이는 거짓말은 거짓말의 예외적인 경우다. 따라서 이 책에서는 중요하게 다루지 않을 생각이다. 이 책에서 어떤 종류의 거짓말인지 특정하지 않고 그냥 '거짓말'이라고 하면, 그것은 일반적이고 '통상적인' 거짓말, 즉 남을 호도하거나 기만하려는 고의적 노력을 수반하는 거짓말을 지칭한다. 비非기만성 거짓말과 기만성 거짓말 모두 우리가 어떻게 소통해야 하는지에 대한 규범을 깨는 것이지만, 기만성 거짓말이 더 문제다. 기만성 거짓말은 강제성 요소까지 포함하기 때문이다. 다시 말해 기만성 거짓말은 상대가 사실에 기반한 자유로운 결정을 내릴 기회를 박탈하는 시도다.

내가 누군가에게 거짓말을 한다면 그것은 내가 상대를 대개 두 가지 영역에서 호도한다는 뜻이다. 첫 번째는 (1) 내 마음상태, 즉 상황을 보는 내 인식에 대한 호도고, 두 번째는 (2) 상황 자체에 대한 호도다. 그런데 두 가지가 변형되어 다양한 경우가 발생할 수 있다. 예를 들어 진실을 말하면서도 상대를 호도할 수 있다. 내가 맞는 말을 해도 상대는 내가 거짓말을 한다고 생각하는 경우가 그렇다. 이렇게 상상해 보자. 나는 주식시장에서 일하는 사람이고, 증권거래소에 상장을 앞둔 어느 기업에 눈독을 들이고 있다. 나의 최대 경쟁자도 같은 기업에 관심이 많다. 내 경쟁자에게는 나를 믿을 만한 인간으로 볼 이유가 없다. 만약 내가 경쟁자 앞에서 해당 기업을 침이 마르도록 칭찬하고, 거기에 약간의 가짜 열정까지 보태면 어떻게 될까? 경쟁자는 내게 부정직한 꿍꿍이가 있으며, 나만 아는 무언가가 있다고 생각할 가능성이 높다. 요컨대 그는 이렇게 생각할 것이다. "이 작자가 지금 농간을 부리고 있어. 상장되면 주식을 비싸게 매입하게 하려는 수작이야." 나와 대화한 후 경쟁자는 투자를 하지 않는 쪽으로 결정하고, 나는 떼돈을 벌게 됐다면? 이 경우 나는 진실을 말하면서도 내 마음 상태에 대해 경쟁자를 호도한 셈이 된다. 이것은 거짓말일까? 당연히 아니다. 이유는 간단하다. 나는 사실이라고 믿는 것을 말했기 때문이다. 다른 변형도 있다. 나도 상대도 거짓이라고 믿는 것을 말했지만, 상대에게 내가 그것을 사실로 믿는다는 인상을 주었을 경우다. 이때 나는 거짓말을 한 걸까? 두말 하면 잔소리다. 내 의도가 실제 상황이 아니라 내 마음상태만 호도하는 것이었다 해도 거짓말은 거짓말이다.

거짓말과 일반 속임수의 구분은 더 애매하다. 말 한 마디 없이도 거짓말을 할 수 있다. 해당 상황에서 내 침묵이 엉뚱하게 해석될 수 있다는 것을 알면서도 내가 침묵을 유지한다면, 가령 내 침묵이 내가 실제로는 동의하지 않는 것에 동의한다는 인상을 주었다면, 이때의 침묵은 거짓말이 된다. 그럼 웃음도 거짓말이 될까? 거짓말은 아니지만 웃음으로 남을 속일 수는 있다. 어떤 사람이 웃기려는 의도로 무슨 말을 했는데 웃기지 않았다. 하지만 나는 분위기를 망치지 않으려고 웃었다. 이때의 웃음은 자발적인 웃음이 아니라 억지웃음이다. 언어적 발화는 없었지만 나는 웃음을 통해 이런 메시지를 전달한다. "너무 웃겨!" 언젠가 내가 외국 대사가 주최한 만찬에 참석한 적이 있었다. 그때 같은 테이블에 앉은 유명한 노르웨이 정치인이 한 가지가 아니라 여러 가지 농담을 했는데 하나도 웃기지 않았다. 해당 정치인을 제외한 좌중 모두 같은 생각이었다. 그때의 농담 중 하나를 소개하자면 이렇다. "소년과 소녀가 사랑에 빠졌어요. 소년이 '사랑해!'라고 하자 소녀가 '나는 오랑해!'라고 했고, 이에 소년은 지지 않으려고 '나는 육랑해!'라고 했대요!" 이 발언에 대한 솔직한 반응은 발언자를 멀뚱히 쳐다보는 것이었다. 하지만 그렇게 하면 분위기가 싸늘하게 식는다. 그럼 내가 예의상 웃은 것은 옳은 일이었을까? 우리의 웃음은 자기가 재미있는 사람이라는 발언자의 망상을 강화했다. 그것은 이 정치인이 다음 만찬에서도 또다시 썰렁한 농담들을 하고 또다시 억지웃음을 끌어내리란 것을, 그런 상황이 계속 이어지리란 것을 의미했다. 다행히 그날 이후 내가 그와 같은 만찬회에 참석하는 일은 없었다.

앞의 정치인이 말한 소년소녀의 일은 실제로 일어난 적

이 없다. 그렇다면 그의 이야기는 거짓말인가? 문자 그대로 받아들이면 세상의 유머들은 대부분 거짓말이다. 예컨대 누가 내게 생애 마지막에 어떻게 죽고 싶은지 묻는다 치자. 내 솔직한 마음은 이렇다. "늙어서 죽을 준비가 됐을 때 잠결에 부드럽게 삶에서 벗어나고 싶습니다. 그게 세상을 떠나는 좋은 방법일 것 같아요." 하지만 내게 장난기가 발동해서 대답에 웃긴 반전을 넣는다면 어떨까. "자다가 편히 죽고 싶어요. 우리 할아버지처럼요. 할아버지가 운전하는 차에 타고 있던 사람들처럼 놀라 비명 지르며 죽기는 싫어요." 이 대답에는 진실이랄 게 별로 없다. 나는 내 할아버지들이 수면 중에 돌아가셨는지 어쩐지 알지 못한다. 주무시고 계셨다가도 직전에 깨어나셨을 수 있다. 내가 아는 것은 두 분 다 침대에서 눈을 감으셨다는 것이다. 두 분 중 누구도 자동차 운전석에서, 그것도 승객을 여럿 태우고 졸음 운전하다가 무덤으로 직행하시지 않았다. 하지만 내 대답은 사건 진술이 아니라 농담이다. 대개의 사람들은 내 대답을 농담으로 받는다. 사람들은 이 말을 할 때의 내가 증인보다 배우에 가깝다는 것을 안다. 진술의 성격과 진술의 방식으로 미루어 볼 때 내 진술은 진실을 주장하고 있지 않음이 확연하고, 그렇다면 이 진술도 거짓말이 아니다.

하지만 모두가 잘 형성된 유머감각을 가진 것은 아니다.

어떤 사람은 이 진술을 문자 그대로 받아들일 수 있다. 그 경우 나는 당연히 재빨리 오해를 풀어 주어야 한다. 남들의 말을 대부분 문자 그대로 받아들이고, 비유적 표현을 이해하는 데 몹시 서툰 사람들이 있다. 때로 우리는 문자 그대로 받아들이면 거짓이지만, 그것이 거짓임을 상호 간에 안다는 점에서는 거짓말이 아닌 말들을 한다. 이것의 대표적인 예가 아이러니다. 만약 내가 돌풍이 불고 비가 퍼붓는 와중에 "오늘 날씨 끝내주게 좋네!"라고 말한다면, 이 말은 누가 봐도 반어법이다. 내 말은 문자 그대로의 의미로는 사실이 아니다. 합리적 기준에서 오늘 날씨를 좋은 날씨로 볼 사람은 없다. 나도 내 말이 사실이 아니란 것을 잘 안다. 그럼에도 여전히 내 말은 거짓말이 아니다. 정상적인 언어생활에서 우리가 상습적 거짓말쟁이가 되지 않고도 문자 그대로의 의미에서 벗어날 방법은 많다.

어느 날 나는 어느 군소 정당의 당원으로부터 분노의 이메일을 받았다. 내가 자기 정당에 대해 거짓말을 했다는 내용이었다. 자초지종은 이러했다. 나는 라디오 인터뷰 중에 노르웨이 정치계에서 진정한 자유방임 자본주의를 주장하는 사람은 없다고 말했다. 진정한 자유방임 자본주의란 민간 주체들 사이의 모든 경제적 거래가 정부의 개입 없이 이루어지는 것을 말한다. 나는 굳이 해당하는 정당을 찾자면 자유인민당이 있지만 "그 정당은 너무 작아서 당원이 공중전화 부스에 모두 들어갈 정도"라고 덧붙였다. 이 말에 격노한 이메일 발송자는 내 말이 새빨간 거짓말이라고 비난했다. 실제 당원 수는 공중전화 부스에 다 들어갈 수 없을 정도로 많았다. 이것이 그가 격분한 이유였다. 따져 보면 이 비판가의 말이 맞다. 공중전화 부스 하나에 들어간 인원의 노르웨이 최고 기록은 20명이고, 자유인민당의 당원은 20명이 넘었다. 당원이 모두 들어가려면 사실 전화 부스가 몇 개는 필요했다. 하지만 라디오 청취자들은 내 말을 자유인민당은 당원이 20명도 되지 않는다는 의미가 아니라, 자유인민당은 정치적 영향력이 없는 작은 정당이라는 의미로 받아들였을 게 분명하다. 수사법, 특히 비유적 표현을 쓸 때 우리는 엄밀히 따지면 사실이 아닌 말들을 많이 한다. 하지만 이는 표현의 문제지 거짓말은 아니다. 그 이유는 첫째, 문자 그대로를 의도한 말이 아니고, 둘째, 문맥상 문자 그대로 받아들일 수도 없는 말이기 때문이다.

지인이 안부를 물을 때 우리는 사실은 잘 지내지 못해도 잘 지낸다고 대답한다. 이를 거짓말로 볼 수는 없다. 이때의 사회적 관행은 속사정 토로가 아니라 의례적 인사말 교환이다. 이는 진짜 의사소통이라기보다 악수에 가깝다. 이런 종류의 관행을 깨면 도리어 이상한 상황이 된다. 예를 들어 복도에서 마주친 회사 사람에게 "안녕하세요?"라고 했더니 그 사람이 갑자기 요즘 자신이 출혈성 치질로 고생하는 이야기를 자세히 늘어놓으면 당황스러울 수밖에 없다. 이때 우리가 상대에게 기대하는 것은 잘 지낸다는 대답일 뿐 다른 건 없다. 이런 유형의 의사소통에서는 잘 지낸다고 답하는 것이 관례이기 때문에, 인생이 딱히 장미 꽃밭이 아닌데도 잘 지낸다고 말했다 해서 거짓말이 되지는 않는다.

비슷한 맥락에서 우리가 상대의 말을 상대의 생각과 느낌의 진정한 표출로 여기지 않는 때가 수두룩하다. 이때의 의사소통은 수행 방식이 특정돼 있는 일종의 의식에 가깝다. 화자의 말과 뜻이 정확히 일치할 수도 있고 정반대일 수도 있지만, 이런 상황에서 화자가 하는 말은 사실상 화자의 속뜻에 대한 어떠한 암시도 주지 않는다고 보는 편이 맞다. 이런 상황에서는 예의 규범이 우선일 뿐 사람들이 진심을 말할 것을 합리적으로 기대할 수 없으며, 바로 이런 이유로 사람들이 진심이 아닌 말을 해도 거짓말이 되지 않는다.

따라서 무엇이 거짓말이고 아닌지는 맥락의 문제다. 이 상황은 상대가 자기 본심을 말한다고 추정할 근거가 있는 상황인가? 대부분의 상황은 그렇다. 정반대의 대표적 사례는 무대에 선 배우를 볼 때다. 우리는 입센의《브란Brand》을 연기하는 배우가 신에 대한 개인의 무조건적인 희생이 진정한 정의라고 믿을 것으로 생각하지 않는다. 배우는 그저 무대에서 그렇게 믿는 인물을 연기하고 있을 뿐이다. 배우 본인은 심지어 무신론자일 수도 있다. 이런 맥락에서, 배우가 연기 중에 본인은 진실이라고 믿지 않는 것을 진실처럼 말한다 해도 그것이 거짓말이 되지는 않는다. 관객이 배우에게 소신 발언을 기대할 이유가 없는 상황이기 때문이다.

소설은 어떨까? 책 표지에 '소설'이라고 쓰여 있다면 책 내용이 진실 표명이 아니라는 것을 입증하는 데 충분한가? 대개는 그렇다. 애매한 경우가 소위 '리얼리티 픽션reality fiction'일 것이다. 이렇게 말하면 어떨까? 소설은 진실일 수 있는 범위 내에서 거짓일 수도 있다. 칸트라면 소설은 그 정의상 거짓말일 수 없다고 주장할 것이다. 이유는 간단하다. 모두가 소설은 허구라는 것을 알기 때문이다.《판단력 비판》에서 칸트는 픽션이 수사적 수단을 사용하고 환상을 만들지만 그것이 속임수를 의미하지는 않는다고 말한다. 픽션이라는 용어 자체가 애초에 진실을 주장하거나 가정하지 않기 때문이다.[6] 즉 픽션은 진실인 척하지 않으므로 정직하다. 그런데 리얼리티 픽션은 픽션의 영역에 분명하게 속하지 않는다는 것이 문제다. 식별 가능한 실존 인물을 다루는 데서 오는 현실 효과는 명백히 미학적 가치를 가진다. 하지만 허구를 넘어 현실로 넘어가는 위반에는 대가가 따른다. 즉 위반은 진실해야 할 책임과 거짓말쟁이가 될 위험을 야기한다.

타던 차를 팔려고 한다. 이때 내가 생각하는 실제 한도는 8천 유로지만 잠재 구매자들에게 절대 1만 유로 아래로는 팔지 않겠다고 말한다면, 나는 거짓말하는 것이 될까? 이 판단은 가격 흥정 상황이 서로에게 진실성을 기대할 이유가 있는 상황인지, 아니면 가격 흥정은 진실이 대단히 중요하지 않은 언어게임인지의 여부에 달려 있다. 만약 내가 자동차 자체에 대해 사실이 아닌 말을, 그것이 거짓인 줄 알면서도 했다면? 예컨대 자동차의 누적 주행거리가 3만 킬로미터밖에 되지 않는다고 말했지만 실제 주행거리는 그 두 배라면? 이때의 내 말은 명백한 거짓말이다. 잠재 구매자가 내 입에서 진실을 기대하는 것이 합리적인 상황이니까. 다만 가격 흥정의 모든 면이 이렇게 명백한 건 아니다.

만약 내가 무언가를 사실인 줄 알고 말했다가 그게 거짓임을 알게 됐는데도 이전 진술을 바로잡으려고 하지 않는다면, 나는 거짓말하는 것일까? 그 말을 했을 당시에는 거짓말한 것이 아니다. 내가 사실로 믿는 바를 말했기 때문이다. 하지만 그것이 사실이 아님을 알게 된 후에도 침묵을 지킨다면 유포한 거짓을 유지시키는 셈이다. 이는 애초에 거짓말을 한 것보다 나을 게 없다. 만약 이 일이 누군가의 평판을 망치기라도 하면 상황이 심각해진다. 우리가 이래저래 소문이 퍼지는 데 일조했다가 나중에야 그것이 사실과 거리가 멀다는 것을 알게 될 때가 있다. 우리 대부분이 겪어 본 일이다. 이 경우 도덕적으로 온당한 행동은 사람들에게 내 말이 사실이 아님을 알리는 것이다. 하지만 그러는 사람은 거의 없다. 짐작컨대 체면을 구기기 싫어서일 가능성이 높다.

진실해야 할 의무는 소셜미디어 활동에도 해당된다. 자기 소셜미디어에 언론 기사를 올리는 것은 일종의 추천 행위다. 기사를 올리면서 기사 내용을 문제 삼는 말을 덧붙이는 경우가 아니라면 그렇다. 기사 내용을 사실로 믿지 않으면서도 '좋아요'를 많이 얻거나 미운 사람을 골탕 먹이려고 기사를 포스팅했다면, 이 사람은 거짓말쟁이다. 기사 내용을 믿지만 기사에 내용의 진실성을 보증할 어떠한 근거(이를테면 믿을 만한 출처)도 없다면, 이 사람의 행동은 진실한 행동일까? 본인이 루머를 사실로 믿는다면 루머를 영구화하는 행동을 해도 거짓말쟁이는 아니다. 그렇다고 진실한 행동도 아니다. 루머가 사실인지 충분히 확신하기 위한 조치를 취하지 않았기 때문이다. 다시 말해 진실한 사람이 되고 싶다면 루머 유포에 매우 신중해야 한다.

놀라운 사실이 있다. 소셜미디어에서 공유되는 뉴스의 대부분을 막상 공유하는 사람들은 읽은 적이 없다. 사람들은 흔히 헤드라인을 읽는 데 그치고, 심지어 헤드라인이 기사 내용을 제대로 대변하는지조차 확인하지 않는다. 이런 일이 놀랍도록 비일비재하게 일어난다. 헤드라인의 주요 기능이 클릭을 유도하는 것이라는 점을 생각할 때 더욱 놀랍다. 기사가 믿을 만한 출처에서 나왔는지, 기사의 주장을 뒷받침하는 근거가 있기는 한지 확인하는 사람은 더더구나 적다. 기사의 문제점을 명시적으로 지적하면서 공유하지 않는한, 기사 공유는 거기에 승인 도장을 찍는 것이나 다름없다. 무작정 기사를 공유하는 사람은 공공담론에 대한 책임 있는 참여자와는 거리가 멀다.

루트비히 비트겐슈타인(Ludwig Wittgenstein, 1889~1951)은 이렇게 썼다. "거짓말은 일종의 언어게임이며, 다른 모든 게임처럼 학습을 요한다."[7] 상당히 특이한 주장이다. 그의 이론에 의하면 언어를 사용한다는 것은 우리가 규칙을 가진 다양한 '게임들'에 참여하는 것이다. 그렇다면 거짓말이라는 언어게임의 규칙은 정확히 무엇일까? 거짓말은 비트겐슈타인 철학 체계 내에서도 다루기 까다로운 현상에 속한다. 비트겐슈타인의 기본 원칙 중 하나는 내적 과정의 이해는 늘 외적 기준을 필요로 한다는 것이다.[8] 여기서 질문이 떠오른다. 거짓말의 외적 기준은 무엇인가? 그 기준이 진술의 허위성일 수는 없다. 사실과 다른 말을 해도 거짓말이 아닌 경우가 있다. 화자가 진위를 혼동한 경우가 대표적이다. 거짓말 여부를 가르는 것은 화자의 구체적인 의도다. 즉 화자가 본심을 감추려는 의도가 있는지 여부에 달려 있다. 이 의도가 어떻게 외적으로 발현할 수 있을까? 이에 대한 분명한 답은 없다. 다만 언어게임 맥락에서 거짓말을 논하자면, 보다 분명한 것은 체스보드에서 룩Rook을 대각선으로 움직이는 것이 체스 규칙에 어긋나듯 거짓말도 언어게임의 규칙에 대한 고의적 위반이라는 것이다.

다른 한편으로 거짓말은 명백히 학습이 요구된다. 유능한 거짓말쟁이가 되는 데 필요한 판단력 개발은 연습을 요한다. 예컨대 맥락에 맞고 믿을 만하게 둘러댈 줄 알아야 한다. 나와 오래 갈등을 빚어 온 이웃이 있다고 가정하자. 그런데 그 이웃이 죽은 채로 발견됐다. 시신에는 아직 온기가 남아 있고, 등에는 부엌칼이 꽂혀 있다. 경찰이 내게 그날 어디에 있었는지 묻는다. 종일 남극에 있었다고 말할 수는 없다. 그건 누가 들어도 사실일 리 없기 때문이다. 북반구에 있었다고 말할 수도 없다. 맞는 말이지만 너무 막연한 말이라서 질문에 대한 즉답을 피하려는 의도로 보일 게 뻔하다. 코로나19 팬데믹이 경제에 지속적이고 심각한 영향을 미칠 것으로 생각한다고 대답해도 웃긴다. 설사 그것이 내가 믿는 진실이라 해도, 이 답변은 상황과 전혀 무관한 동문서답이다. 이 세 가지 답변 모두 질문에 진실하게 답하지 않으려는 의도를 드러낸다. 세 답변 중 첫 번째는 거짓말일 뿐 아니라 엉터리 거짓말이다. 나머지 두 답변은 진실이지만 너무 두루뭉술한 말이거나 상황과 관계없는 말이다. 거짓말이 소기의 기능을 하려면 진실처럼 보여야 한다. 그래야 수사관을 마음먹은 대로 속일 수 있다. 이는 숙달하는 데 시간이 걸리는 기술이다.

빤한 거짓말을 하지 않는 방법 중 하나가 불분명함을 이용하는 것이다. 세세한 표현을 쓸수록 사실에서 벗어날 가능성이 높아지고, 반대로 애매하게 말할수록 내가 사실 언저리에 머물 가능성이 높아진다. 내 몸무게가 정확히 100킬로그램이라고 말한다면 거짓말이 된다. 하지만 어림잡아 100킬로그램이라고 말한다면 그건 사실이다. 어느 조찬 모임에 연사로 초청받았다고 치자. 새벽같이 일어나는 게 싫어서 거절하고 싶다. 그날 아침에 다른 약속이 있으면 좋은 핑계가 될 텐데 약속도 없다. 따라서 선약이 있어서 참석할 수 없다고 말한다면 그건 명백한 거짓말이다. 이때 대안은 모호하게 말하는 것이다. 안타깝지만 그날 아침에는 다른 계획이 있다고 말하면 새빨간 거짓말은 아니다. 실제로 내게는 그날 아침을 위한 다른 계획이 있기 때문이다. 그것은 늦잠을 자는 계획이다. 대단히 정직한 대답은 아니지만, 그렇다고 거짓말도 아니다.

짧게 종합하면 거짓말의 성립 조건은 두 가지다. 거짓말은 남들이 내가 진실을 말할 것으로 기대하는 상황에서, 내가 내심 거짓이라고 여기는 것을 진실처럼 말하는 것이다.

개소리

거짓말이 무엇인지에 대한 논의를 마치고 거짓말은 정당화될 수 있는지에 대한 논의로 넘어가기 전에, 거짓말의 근친을 간략히 소개하고 싶다. 그 친척은 바로 개소리다. 앞서 살펴본 바와 같이 거짓말과 진실의 차이는 진정성 덕목을 충족하는지에 있고, 트루시니스와 진실을 가르는 것은 정확성 덕목을 충족하는지에 있다. 둘 중에서 고르자면 개소리는 트루시니스보다는 거짓말에 가깝다. 개소리에 심각하게 결여돼 있는 것이 진정성이기 때문이다. 거짓말과 마찬가지로 개소리도 부정직하다. 다만 개소리의 특징은 진실 결여보다는 진심 결여다. 진심이 없을 때란, 화자는 무언가의 진위 여부가 자신에게 중요한 문제인 양 행동하지만, 내심으로는 뭐가 됐든 신경 쓰지 않는 때를 말한다.

미국 철학자 해리 프랭크퍼트(Harry Frankfurt, 1929~)가 《개소리에 대하여On Bullshit》에서 개소리를 집중 분석한 바 있다. (이상하게도 프랭크퍼트는 언급하지 않았지만) 사실 개소리 분석의 선구자는 조지 오웰이다. 오웰은 1946년에 발표한 에세이 〈정치와 영어Politics and the English Language〉에서 "우리 시대의 정치적 발언과 글쓰기의 대부분은 옹호의 여지가 없는 것에 대한 옹호다."[9]라고 말했다. 이 에세이에서 오웰은 다른 무엇보다 완곡어법과 의도적 모호함이 정치적 언어를 타락시켰다고 말한다. 이 주제는 그의 소설 《1984》에서 더욱 심도 있게 전개된다. 주인공 윈스턴 스미스는 작중 정부기구의 하나인 '진리부'에서 일한다. 그곳에서 그가 다루는 것은 현실과 완전히 단절된 것들이며, 뻔뻔한 거짓말보다도 더한 거짓들이다.[10]

대개의 사람들에게는 무언가가 거짓이라는 것 자체가 그것을 말하지 않을 좋은 이유가 된다. 심지어 거짓말쟁이도 무엇이 진실인지 안다. 반면 개소리쟁이에게는 그것이 진실인지 거짓인지가 하등 중요하지 않다. 거짓말하는 사람과 진실을 말하는 사람은 (말하는 내용이 달라서 그렇지) 둘 다 무엇이 진실인지 안다. 또는 안다고 믿는다. 반면 개소리쟁이는 진실에 대해 아무 관심이 없다. 거짓말과 개소리의 차이는 거짓말은 진상과 다른 말을 하는 것이고, 개소리는 진상이 무엇인지 아랑곳하지 않는 것이다. 다시 말해 거짓말과 개소리를 구분하는 것은 말하는 사람의 태도다. 개소리쟁이의 특징은 무엇이 진실인지에 대한 무관심이다. 프랭크퍼트는 다음과 같이 썼다.

이것이 개소리쟁이와 거짓말쟁이를 구분 짓는 핵심이다. 개소리쟁이와 거짓말쟁이 모두 자신이 진실을 전달하려 애쓰는 것처럼 꾸민다. 둘의 성공은 우리를 속여 넘기느냐에 달려 있다. 하지만 둘은 차이가 있다. 거짓말쟁이가 감추는 속내는 우리를 올바른 현실 이해에서 멀어지게 하는 것이다. 그의 의도는 자기가 거짓으로 여기는 것을 우리에게 믿게 하는 것이고, 우리는 그런 의도를 알지 못한다. 반면 개소리쟁이가 감추는 속내는 자기 진술의 진실가치는 그의 안중에 없다는 것이다. 이때 우리가 알지 못하는 것은 그의 의도가 진실의 전달도 은폐도 아니라는 것이다. 그렇다고 개소리쟁이의 발언이 무질서한 충동에 기인한다는 뜻은 아니다. 다만 그의 발언을 이끌고 지배하는 동기가 발언 내용의 진위와는 무관하다는 뜻이다.[11]

개소리쟁이는 자신의 진술이 내는 효과에만 관심 있다. 그에게 진술의 진위 여부는 전혀 중요하지 않다. 따라서 그 진술이 설사 사실일 때조차 그것은 여전히 개소리다. 개소리는 대개 진실이 아니지만, 드물게 개소리가 진실일 때도 있다. 멈춘 시계도 하루에 두 번은 정확한 시간을 보여 준다. 프랭크퍼트는 개소리가 거짓말보다 사회에 더 유해하다고 말한다. 개소리는 "무엇이 진실이고 무엇이 거짓인지 판단하려는 사심 없는 노력의 가치에 대한 믿음을 꺾기 때문이다." 거짓말쟁이는 무엇이 진실인지에 관심이 있지만 자기가 아는 진실과 반대로 말하는 사람이다. 이는 도덕관념의 부재보다 이중 잣대 선호에 더 가깝다.

프랭크퍼트의 분석에 따르면 진실, 거짓말, 개소리가 명확히 구분된다. 하지만 현실에서는 화자의 의도가 무엇인지, 그래서 결과적으로 화자의 진술이 어느 범주에 속하는지 파악하기가 쉽지 않다. 더욱이 본질적으로는 개소리인 진술도 때로는 거짓말의 요소들을 포함한다. 즉 화자가 처음에는 자기 말이 사실인지 거짓인지 신경 쓰지 않다가도 나중에는 자기 말의 적어도 일부는 대놓고 거짓임을 깨닫기 마련이다. 역으로 거짓말의 경우도 개소리의 요소들을 포함할 수 있다.

캐나다 철학자 제럴드 앨런 코헨(Gerald Allan Cohen, 1941~2009)은 개소리의 본질은 화자의 의도에 있지 않고, 화자의 발언이 "명확화가 불가능한 불명확성"을 포함한다는 점에 있다고 주장한다. 쉽게 말해 개소리는 횡설수설이라는 뜻이다. 코헨은 개소리를 순전히 의미론적 현상으로 간주한다고 할 수 있다. 코헨도 일상 언어라는 용어를 사용하지만, 나는 코헨보다 프랭크퍼트가 더 일상 언어 철학에 부합한다고 생각한다. A가 B에게 "개소리하지 마."라고 말한다면, 대체로 그것은 A가 B의 말을 불가해하게 여겨서가 아니라 B의 말에 진심이 없다고 여기기 때문이다. 개소리 진술은 대개 이해하기 쉬운 말들로 이루어진다. 그럼에도 상황을 언명하기보다 얼버무리는 데 의도를 둔다. 골수 개소리쟁이는 진술을 면밀히 뜯어봤을 때 그의 주장에서 어떠한 진실가치도 매길 수 없는 방식으로 말을 한다. 그는 참과 거짓의 차원을 넘어선 빈말을 쏟아 낸다. 그럼에도 우리가 그 말을 여전히 완벽하게 알아들을 수는 있다. 단지 들어 봤자 건질 만한 의미가 없을 뿐이다.

누군가의 거짓 주장이 거짓말인지, 개소리인지, 트루시니스인지 판별하는 것은 쉽지 않다. 도널드 트럼프 전前 미국 대통령을 예로 들어 보자. 그는 세계에서 유례를 찾기 힘들 정도로 거짓 진술을 일삼는 정치인이고, 이는 잘 입증된 사실이다. 하지만 그의 말이 거짓말인지는 분명하지 않다. 앞서 살펴본 거짓말의 정의에 따르면 거짓말은 화자의 믿음과 관련 있다. 즉 자신이 사실로 믿는 것과 반대되는 말을 하는 것이 거짓말이다. 이렇게 생각해 보자. 만약 트럼프에게 현실 파악 능력이 없어서 자기가 말하는 허위를 모두 사실로 믿고 있다면? 이 경우 그의 발언은 트루시니스다. 물론 트럼프가 자기 말이 사실이 아니란 것을 잘 알고 있을 가능성도 있다. 이 경우 그는 거짓말쟁이다. 아니면 그는 자기 말이 사실인지 거짓인지에는 일절 관심 없고, 오로지 자기 진술이 사람들에게 미칠 영향에만 관심이 있을 수도 있다. 이 경우 그는 개소리쟁이다. 트럼프가 어느 범주에 속하는지 확실히 판단하려면 우리가 그의 내면세계를 들여다봐야 하는데 우리에겐 그런 초능력이 없다. 우리는 그가 화자로서 어떻게 행동하는지에 근거해 이 문제에 간접적으로 접근할 수밖에 없다. 물론 트럼프도 때로는 진실을 말한다. 하지만 그가 자기에게 불리한 진실을 말한 적이 있던가? 그런 경우는 한 건도 생각나지 않는다. 이는 그의 허위 발언들이 트루시니스가 아님을 시사한다. 만약 트루시니스라면 그가 자기에게 유리하지 않은 진실을 근거 없이 말한 경우도 있어야 한다. 그렇다면 거짓말과 개소리가 남는다. 모든 것을 고려할 때 거짓말보다 개소리가 더 유력한 것 같다. 이유는 간단하다. 그는 진실에 전적으로 무관심해 보이기 때문이다. 하지만 이런 추정도 가능하다. 트럼프도 사실은 무엇이 진실이고 무엇이 허위인지에 관심 있지만, 항상 진실보다 자기를 앞세우는 선택만 하는 거라면? 이 경우라면 그는 아무도 못 말릴 만성적이고 고질적인 거짓말쟁이다.

진실성의 반대말은 한 가지가 아니라 셋이다. 트루시니스, 개소리, 거짓말. 이 책의 주된 초점은 이 셋 중 마지막 것을 파헤치는 것이다. 다만 거짓말의 많은 측면이 트루시니스와 개소리에도 해당될 수 있으며, 따라서 그것들과도 무관하지 않다.

2장.
거짓말의 윤리

사실상 모두가 거짓말은 대체로 잘못이라고 생각한다. 심지어 마키아벨리도 이에 동의한다. 다만 어떤 이들은 거짓말이 항상 잘못이라고 주장한다면, 다른 이들은 상황에 따라서는 거짓말이 허용 가능하며, 심지어 필요하다고 주장한다. 진실이 원칙이고 거짓말은 예외다. 스웨덴계 미국인 철학자 시셀라 복(Sissela Bok, 1934~)의 말처럼, 진실을 말하는 데는 어떠한 정당화도 필요하지 않은 반면 거짓말에는 반드시 이유가 있다.[1] 진실이 원하는 바를 가로막지 않는다면, 그리고 허언증 환자, 즉 병적인 거짓말쟁이라는 특수 집단에 속해 있지 않는 한, 누구나 거짓말보다는 솔직함을 선호할 것이다. 다시 말해 진실이 문제되지 않을 때 우리는 거짓말하지 않는다. 거짓말은 진실이 자신에게 야기할 문제를 해결하기 위해 동원하는 일종의 방책이다.

우리가 거짓말하는 이유를 몇 가지 꼽자면 다음과 같다. 우리는 (1) 자기가 저지른 잘못을 숨기기 위해서, (2) 자기가 진실을 말할 경우 곤란해질 사람을 보호하기 위해서, (3) 남의 감정을 상하게 하지 않으려고, (4) 거짓 소문 유포 따위로 남을 해치기 위해서, (5) 실제보다 잘나 보이고 싶어서, (6) 남보다 우위를 점하기 위해서, (7) 허풍이나 조롱으로 남들을 웃기기 위해서 거짓말한다. 이것이 우리가 가진 거짓말 동기의 전체 목록은 아니지만 그런대로 대부분을 포함한다. 이 중 마지막 이유가 도드라진다. 나머지는 문제 해결이 동기인 데 비해 마지막 것은 그저 즐거움 제공이 목적이기 때문이다. 이 일곱 가지 이유의 거짓말 외에, 우리는 전적으로 동기 없는 거짓말도 한다. 즉 거짓말을 위한 거짓말도 한다. 하지만 그것은 병적인 거짓말의 영역이다. 일곱 유형 중 일부는 다른 일부에 비해 순한 거짓말로 통한다. 남을 돕기 위한 이른바 '하얀(착한/선의의)' 거짓말은 남을 해코지하려는 '검은(못된/악의적)' 거짓말과 달리 쉽게 용납된다. 하지만 두 가지 사이에는 수많은 회색 그림자들이 너울댄다.

상상을 초월하는 거짓말쟁이조차 거짓말보다는 참말을 더 많이 한다. 거짓말은 진실이 통칙일 때만 가능하다. 우리가 대체로 진실을 말하지 않는다면 거짓말이 발붙일 데가 없다. 따라서 진실과 거짓말은 대칭관계가 아니다. 다시 말해 진실을 말하는 이유는 딱히 설명할 필요가 없지만, 거짓말에는 정당화가 필요하다. 적어도 자신에게는 정당화해야 한다. 진실을 말하는 것이 심히 부정적인 결과를 초래하는 특수한 상황—예를 들어 진실 누설이 누군가의 목숨을 위태롭게 하는 상황—을 제외하면, 진실은 딱히 정당성을 요하지 않는다. 즉 진실을 말하는 것은 그 자체로 충분하다. 거짓말의 명분을 찾는 것은 어렵지 않다. 하지만 그 명분이 정말로 설득력 있으려면 화자는 자기를 속이든지 다른 사람을 속이든지 해야 한다.

아리스토텔레스는 진실과 거짓말 사이의 비대칭성을 처음 지적한 인물로 꼽힌다. 그는 진실은 그 자체로 칭찬받아 마땅하고, 거짓은 그 자체로 천박하고 비난받아 마땅하다고 했다.[2] 아리스토텔레스에 따르면 인간은 두 극단 사이의 중간 지점을 찾는 데 성공했을 때 최선의 상태가 된다. 하지만 거짓말과 진실 사이에는 중간 지점이 존재하지 않는다. 이때의 중용은 거의 전적으로 진실의 영역에 있다. 먼저 아리스토텔레스는 진실한 사람을 허풍쟁이 및 위선자와 대조한다. 허풍쟁이와 위선자는 각각 자신을 실제보다 부풀리거나 축소한다. 반면 중용을 따르는 덕인은 "사물을 그것 고유의 이름으로 부르고, 삶과 말 모두에서 진실하며, 자신이 가진 것을 그대로 인정할 뿐 부풀리지도 축소하지도 않는다."[3] 또한 그에 따르면 정말로 진실한 사람은 중요한 일이 걸려 있을 때만 진실을 말하는 이가 아니다. 진실은 구석구석 깃든 성품이다. "진실을 사랑하는 사람, 그래서 중요한 일이 걸려 있지 않을 때도 진실한 사람은 중요한 일이 걸려 있을 때는 더욱 진실할 것이다. 그런 사람은 거짓을 그 자체로서 경계하며, 거짓을 저열한 것으로서 경계한다. 이런 사람은 칭찬받아 마땅하다."[4] 사소하거나 이해관계와 무관한 일에 거짓말을 하는 것도 그 사람의 전반적 신뢰성을 깎아먹는다. 그런 사람은 중요한 문제를 논할 때 신뢰받지 못한다.[5]

거짓말을 하는 좋은 이유들도 많지만, 문제는 그것이 충분히 좋은 이유인가다. 다양한 맥락에서 거짓말을 옹호하는 데 흔하게 이용되어 온 전략이 있다. 그것은 거짓말의 타당성을 내세우는 대신 거짓말의 성립 자체를 부인하는 것이다. 그들의 주장은 이렇다. 어떤 진술이 당장 거짓말로 보인다 해서, 다시 말해 화자가 상대를 호도할 의도로 자기가 실제로 믿는 것과 다른 말을 한다 해서, 그 진술을 무조건 거짓말로 분류해서는 안 된다. 이런 주장을 했던 사람 중 하나가 네덜란드 법률가이자 철학자 후고 그로티우스(Hugo Grotius, 1583~1645)다. 그는 거짓말쟁이에게 거짓말하는 것은 거짓말이 아니라고 주장한다.[6] 그로티우스의 견지에서는 어린아이나 중증 정신질환자에게 일부러 사실과 다른 말을 하거나 적이나 도둑에게 허위 진술을 하는 것은 거짓말이 아니다. 그로티우스에 따르면 어린아이, 정신질환자, 적과 도둑의 공통점은 진실을 알 권리가 없다는 것이며, 진실에 대한 권리가 없는 사람에게 진실을 말하지 않는 것은 거짓말에 해당하지 않는다. 그로티우스는 진실에 대한 권리가 첫째, 충분히 개발된 판단력을 갖추고 있는지, 둘째, 정직하고 존중받을 만한지에 달려 있다고 믿는다. 따라서 어린아이처럼 아직 진실에 대한 권리를 획득하지 못한 사람이나, 잘못된 의도와 언동으로 인해 진실에 대한 권리를 상실한 사람들에게는 거짓을 말한다 해도 거짓말이 되지 않는다.

이런 판단의 극단적인 변형이 예수회의 결의론決疑論, Casuistry에서 말하는 심중보류心中保留, Restrictio Mentalis 교리다. 프랑스 철학자 블레즈 파스칼(Blaise Pascal, 1623~1662)은 《시골 친구에게 보내는 편지》에서 예수회의 결의론은 도덕성과 성경 말씀을 우회하려는 부정직한 궤변에 지나지 않는다고 신랄하게 비판했다. 그는 특히 심중보류 교리를 논박했다.[7] 이 교리는 다음과 같이 주장한다. 일단 무언가를 분명하고 또렷하게 말한다. 이 말만 놓고 보면 거짓말이다. 그런데 이 말을 한 후에 마음속으로, 또는 아무도 듣지 못하게 작은 소리로 다른 말을 덧붙인다. 뒤늦게 덧붙인 말 때문에 말의 의미가 왕창 달라져서 전체적으로 더는 거짓말이 아닌게 된다면, 그것은 거짓말이 아니다. 예를 들어 보자. 나는 눈엣가시였던 동료를 살해한 혐의로 법정에 섰다. 살인을 했느냐는 물음에 나는 크고 분명한 소리로 "나는 그를 죽이지 않았습니다."라고 대답한다. 그런 다음 속으로 "오늘은." 또는 "독으로는."이라고 덧붙인다. 내가 살인을 저지른 것은 1년 전이고, 실제 살해도구는 독이 아니라 망치였다. 이때 예수회의 결의론에 따르면, 내 진술 중에 법정에 있는 사람들이 들을 수 있었던 부분만 놓고 보면 내 말은 거짓말이지만 내가 속으로 추가한 말 때문에 나는 거짓말하지 않은 셈이 된다. 예수회는 이 심중보류를 확대 적용한 또 다른 원칙을 만들었다. 일부러 여러 해석이 가능한 말을 해서 남들이 특정 방식으로 해석하게 유도한 다음, 자신은 그것과 다른 해석을 택하는 경우도 거짓말이 아니라는 것이다. 심중보류 교리는 계속 확대됐다. 나중에는 적당히 애매한 말을 찾을 필요도 없이 문장을 머릿속에서 끝내는 것으로도 심중보류가 성사됐다. 말을 하지 않고도 말의 의미를 완전히 뒤집는 것이다.

그런데 예수회는 여기서 만족하지 않았다. 그들은 약속은 약속한 시점에 약속을 지킬 의도가 있었을 경우에만 구속력을 가진다고 주장했다. 예를 들어 내가 "XX를 하겠다고 약속합니다."라고 말해 놓고 몰래 혼잣말로 이렇게 덧붙인다면? "내키면." 그러면 나는 그 약속에서 완전히 풀려난다. 하지만 이는 납득하기 어려운 발뺌 전략에 불과하다. 거짓말은 용납 불가라는 원칙을 지키기 위한 고육지책으로 고안된 것이라지만, 사실상 거짓말이나 다름없기 때문이다. 거짓말과 유사한 방법으로 수행되고, 대놓고 거짓말했을 때와 같은 효과를 낸다. 거짓말이 언어 남용이기 때문에 잘못이라는 관점에서 볼 때, 심중보류 같은 고의적 호도가 거짓말보다 온당하게 평가받을 이유가 없다. 심중보류의 경우에도 언어는 남에게 내 심중에 대한 거짓 인상을 주기 위해 명백히 남용되고 있다. 파스칼은 이런 관행을 숨 막히게 부도덕한 것으로 보았고,《시골 친구에게 보내는 편지》의 독자들도 대부분 이에 동감했다. 이 비판이 엄청난 파문을 일으켜 1679년 교황 인노첸시오 11세가 심중보류 관행을 규탄하기에 이르렀다. 예수회를 살짝 변호하는 차원에서 덧붙이자면, 그들은 처음에는 이런 방식의 '거짓말 회피'를 오직 정의가 위태로운 상황에서만 허용했다. 예를 들어 사람 목숨을 구하기 위해서나 고해성사에서 들은 내용이 공개되는 것을 막기 위한 용도였다. 하지만 문제는 이 관행이 본래의 취지를 벗어나 지나치게 널리 적용됐다는 것이다.

어떠한 거짓말도 허용하지 않는 절대법칙에도 문제는 있다. 절대법칙은 어떻게든 구멍을 찾으려는 강한 동기를 만들어서, 결과적으로 앞에서는 거짓말의 용납 불가함을 외치고 뒤에서는 거짓말을 하게 만든다. 이는 그 자체로 기만이거나, 적어도 위선적으로 보인다. 예수회의 발뺌 전략이 거짓말에 대해 무관용 원칙을 고수했던 기독교 사고체계 안에서 발생하고 퍼진 것은 우연은 아니다. 성경이 거짓말의 수용 가능성에 대해 명확히 말하고 있지 않다는 점도 일을 복잡하게 만들었다. 십계명에 거짓말을 금하는 취지의 항목―"거짓증거하지 말라"―이 있지만 이 계명에는 여러 해석이 따른다. 루터는 이를 이웃에 대한 비방을 금하는 조항으로 이해한 반면, 유대 전통은 이를 법정에서 위증하는 것을 막는 법으로 여겼다. 성경이 거짓말에 대해 전반적으로 부정적인 것은 사실이다. 신약성서는 사탄을 "거짓말의 아비"(요한복음 8장 44절)라고 지칭하기도 했다. 하지만 구약성서, 특히 출애굽기를 보면 이스라엘 민족의 이익을 위한 것이라면 거짓말도 전적으로 무방해 보일 지경이다. 이렇다 보니 성경이 거짓말에 대해 다분히 양가兩價적이라 해도 할 말이 없다. 당연히 어떤 종류의 거짓말은 허용 가능하고 어떤 종류는 그렇지 않은지도 불분명하다.

아우구스티누스는 다른 누구보다 기독교 사상에 입각해 거짓말의 전면 금지를 강력히 촉구한 인물이었다. 그에 따르면 남을 속일 의도로 생각과 다른 말을 하는 것은 어떤 경우에도 정당화될 수 없으며, 거짓말로 남의 목숨을 살릴 수 있는 극단적인 상황이라 해도 예외는 없었다.[8] 신이 사람에게 언어를 준 것은 서로 생각을 나누게 해 주기 위해서였다. 따라서 자기 생각을 감추고 남을 속이는 일에 언어를 사용하는 것은 명백한 죄였다. 아들의 죽음을 알면 충격으로 죽을 것이 분명한 늙고 병든 노인에게 그 사실을 숨기기 위해 거짓말을 했다면? 아우구스티누스는 이 상황에 공감을 표하면서도 그런 경우라도 거짓말은 피해야 한다고 주장한다. 그런 종류의 선의의 거짓말도 보편적 진실감각을 해치기 때문이다. 한 번 거짓말하면 다음번에는 거짓말하기가 더 쉬워지고, 그러다 보면 우리는 머지않아 거짓말의 바다에서 허우적대게 된다. 세상에서 가장 선량해 보이는 거짓말도 결국은 우리를 타락으로 이끌 뿐이다. 다만 아우구스티누스는 선량한 거짓말은 용서하기 쉽고, 거짓말 자체는 결코 칭찬할 수 없으나 선량한 이유로 거짓말한 사람의 선의는 칭찬 받을 만하다고 덧붙였다.

토마스 아퀴나스도 거짓말은 예외 없이 모두 죄악이라는 점에서 아우구스티누스와 뜻을 같이 한다. 아퀴나스는 선의나 농담으로 한 거짓말도 덜 심각한 죄일 뿐 죄는 죄라고 못 박았다.[9] 그는 남을 해코지하려고 거짓말하는 것은 대죄로 간주했고, 언어를 진실을 덮는 데 이용하는 것은 거짓말만큼 나쁘게 보지 않았다.

물론 진실을 말하는 것이 문제가 되는 상황들도 있었다. 때로 진실은 자신이나 남들에게 받아들일 수 없는 결과를 야기했다. 하지만 거짓말에 대한 종교적 금기를 무시하는 것 또한 불가능했기 때문에 해결책은 거짓말을 피하려 노력하는 것뿐이었다. 원칙에 예외를 두는 것도 문제다. 한 번 구멍을 내면 새로운 상황이 생길 때마다 구멍들을 야금야

금 늘리게 되고, 결국에는 거짓말 금지라는 통칙을 지키기가 어려워진다. 칸트도 기독교의 거짓말 금지를 지지한다. 다만 종교적인 이유에서는 아니다. 칸트는 우리에게 진실을 말할 의무가 있다고 언명한다.[10] 그가 말하는 거짓말이란, 사실이 아닌 것을 사실로 믿게 만들 목적으로 하는 말이다. 여기서 중요한 차이점은 남에게 거짓을 사실로 믿게 하려는 의도다. 이런 의도가 없다면 설사 거짓을 말해도 거짓말이 아니게 된다. 따라서 칸트는 예의상 하는 말들은 비록 진심이 아니어도 거짓말이 아니라고 본다. 그런 말을 할 때 상대는 내가 정직하기를 기대하지 않기 때문이다.[11] 같은 맥락에서 농담이나 허풍도, 비록 사실은 아니지만 듣는 사람이 그것을 사실로 믿게끔 유도당하고 있지 않다고 추정할 이유가 충분하다면, 거짓말이 아니다.[12] 또한 칸트는 하얀 거짓말이란 개념도 어불성설로 본다. 거짓말이 하얗다면 어떠한 도의적 의무도 위반하지 않았다는 뜻이므로 (설사 그 말이 사실이 아니라 해도) 거짓말이라 부를 수 없고, 만약 의무를 위반했다면 그 거짓말은 정의상 하얗다고 말할 수 없다.[13]

칸트는 우리가 매사 내밀한 속내를 전달할 의무는 없다고 본다. 만약 우리가 항상 생각과 똑같이 말한다면 우리는 서로에게 참을 수 없는 존재가 된다. 인간 공동체는 어느 정도의 가식pretence을 요한다. 가식은 "위장dissimulation에서 기만deception으로, 그리고 마침내 거짓말로 서서히 진행하기 좋은 자질"이다.[14] 동시에 이 진행은 도덕적으로 허용 가능한 것에서 결코 허용할 수 없는 것으로의 전환이다. 위장은 크게 문제되지 않는다. 우리의 생각을 들을 권리는 누구에게도 없기 때문이다. 기만은 일종의 회색지대다. 즉 허용 가능한 기만이 있는 반면에 그렇지 않은 기만이 있다. 칸트는 남들을 호도하는 것이 도덕적으로 용인되는 경우가 있다는 개념에 동조한다. 그는 어느 윤리학 강의에서 한 가지 예를 들었다. 떠날 생각이 없으면서도 여행가방을 싸서 남들에게 떠난다는 인상을 줄 수는 있다. 하지만 그들에게 여행 계획이 있다고 거짓말하는 것은 부도덕하다.[15] 칸트에 의하면 대답을 거부하거나 사람들이 틀린 추측을 하게 내버려둘 수는 있지만, 어떤 경우에도 거짓말은 불가하다.

또한 칸트에 따르면 사람은 자신에게, 정확히 말해 자신의 '내적 심판'에게 자기 행동을 실제보다 미화해서 말한다.[16] 우리에게는 자신에게 정직할 의무가 있으며, 그러지 않을 때 비난받아 마땅하다. 나아가 칸트는 자기기만 성향은 남들에게 거짓말하는 성향도 키운다고 믿는다. 자신에게 솔직할 수 있어야 남들에게도 솔직할 수 있다. 거짓말은 남들뿐 아니라 자신도 배신하는 일이다. 나를 본래의 나보다 나쁜 사람으로 만들기 때문이다. 칸트는 거짓말은 자신의 인간존엄성을 말살하는 행위라고까지 말한다.[17] 과하게 극적인 정식화定式化로 들릴 수 있다. 하지만 상대가 거짓말하는 것을 알게 됐을 때 상대에 대한 존경심이나 믿음이 급락한다는 점에는 이론의 여지가 없다.

칸트 같은 자유주의 사상가에게는 법과 도덕의 구분이 절대적으로 중요하다. 법의 한도는 도덕의 한도보다 훨씬 넓어야 하고, 따라서 부도덕함은 법적으로는 허용되어야 한다. 칸트는 도덕의 법제화를 경계한다. 그것은 사람들에게서 진정으로 도덕적으로 행동할 기회를 박탈하기 때문이다. 이런 맥락에서 도덕적 금기가 규정한 거짓말과 법이 규정한 거짓말은 반드시 구분되어야 한다.[18] 다시 말해 칸트는 윤리적 거짓말과 법적 거짓말을 구분한다. 법적 거짓말이 성립하려면 그 거짓말이 누군가에게 피해를 입혀야 한다. 피해는 정확히 무엇을 의미할까? 정당한 소유물을 빼앗기는 것을 말한다. 소유물에는 사물뿐 아니라 남에게 제공받기로 약속한 서비스도 포함된다. 남에 대한 헛소문을 퍼뜨리는 것 역시 유의미한 피해로 간주될 수 있다. 다시 말해 칸트는 계약 위반이나 명예 훼손 같은 특수 상황을 제외하면 거짓말은 법적으로는 얼마든지 허용될 수 있지만, 도덕적으로는 언제나 잘못이라고 믿는다. 또한 칸트는 법적 거짓말 범주와 윤리적 거짓말 범주 사이에 세 번째 범주의 거짓말이 있다고 말한다. 그것은 특정인에게 해를 끼친다기보다 인간성 자체에 해가 되는 거짓말이다.[19] 이 주장의 기본 전제는 사람은 사회적 동물이며, 거짓말은 사회의 발생과 존속에 필요한 여건을 망친다는 것이다. 구체적으로 말하자면 거짓말은 사람들이 사회집단으로 살아가는 데 필요한 신뢰를 허문다.

칸트에게 있어서 옳은 행동은 그 행동이 하나 이상의 최우선원칙의 요건들을 충족하는 경우에만 성립된다. 최우선 원칙에 따라 행동했다면 그 행동의 결과가 어떻든 상관없다. 도덕적 행동과 부도덕한 행동을 가르는 것은 행동의 결과가 아니라 행동의 유형type이다. 내가 거짓말을 한다면 그 거짓말의 결과가 아무리 좋아도 나는 부도덕한 행동을 한 것이다. 거짓말이 나쁜 이유는 거짓말이 대체로 부정적인 결과를 낳기 때문이 아니라, 거짓말이 그 자체로 부도덕하기 때문이다. 거짓말은 결과가 좋다 해서 가산점을 받거나 잠정 상쇄될 수 있는 것이 아니다.

칸트가 말하는 거짓말의 부당성은 그의 도덕법칙, 이른바 '정언명령Kategorischer Imperativ'에서 가장 유명한 두 가지 정식定式에 근거한 것이다. 그 두 가지 정식은 다음과 같다.

1. 준칙에 따라 행동하라. 동시에 너의 준칙은 너의 의지에 의해 모두의 보편법칙으로 삼을 만한 준칙이어야 한다. 오직 그런

준칙에 따라서만 행동하라.[20]

2. 너의 인격과 타인의 인격에 있는 인간성을 한낱 수단으로 사용하지 말고 언제나 동시에 목적으로 대하며 행동하라.[21]

칸트는 첫 번째 정식, 이른바 '보편법칙의 정식'에 기반해 도덕은 엄격히 보편적이어야 한다고 언명한다. 이는 자신이나 누군가를 위해 예외를 둘 수 없다는 뜻이다. 나는 모든 사람이 똑같이 행동해도 무방한 방식으로만 행동해야 한다. 예를 들어 이런 준칙을 생각해 보자. '내게 유리한 거짓말은 해도 된다.' 이 준칙이 보편화될 수 있을까? 천만에, 그런 보편법칙은 자멸할 게 뻔하다. 만약 모두가 자신의 상황을 호전시키기 위해 거짓말한다면, 우리는 더 이상 서로를 믿지 않을 것이고, 우리가 서로를 믿지 않으면 거짓말이 더 이상 작동하지 못한다. 다시 말해 모두가 서로에게 거짓말하는 세상은 아무도 어떤 말도 믿지 않는 세상이고, 결국 어떤 거짓말도 통하지 않는 세상이 된다. 거짓말은 진실이 통칙일 때만, 다시 말해 사람들이 대체로 진실을 말하는 여건에서만 가능하다. 따라서 이성은 우리에게 거짓말은 불가하다고 말한다. 오직 진실성만이 전적으로 보편적인 법칙이 될 수 있기 때문이다.

이 같은 칸트의 논점들을 이미 17세기에 스피노자 (Baruch Spinoza, 1632~1677)가 《에티카》에서 예견했다. "자유로운 인간은 결코 기만적으로 행동하지 않으며 항상 선의로 행동한다."[22] 여기서의 전제는 자유로운 인간은 항상 이성적이며, 만약 자유인이 어떤 방법으로든 거짓말을 하거나 속이기를 원한다면 그것은 이성적인 판단이기에 그렇게 해야 한다는 것이다. 만약 그렇다면 이성적인 사람들은 항상 거짓말하고 속인다고 가정해야 할까? 스피노자는 그것을 터무니없는 소리로 일축한다. 그는 거짓말로 목숨을 구할 수 있다면 그 거짓말은 합리적이라고 말한다. 하지만 이성이 어느 한 사람에게 거짓말을 명령한다는 것이 이성이 모두에게 거짓말을 명령한다는 뜻은 아니라고 말한다. 그런 명령은 이성이 사람들에게 법을 공유하고 힘을 합쳐서 평화롭게 사는 것을 금하는 것과 같다. 그렇기 때문에 스피노자는 이 또한 터무니없는 소리로 배격한다.

칸트 정언명령의 두 번째 정식으로 가 보자. 두 번째 정식은 타인을 결코 수단으로만 취급해서는 안 되며, 언제나 그 자체로 목적으로 대우해야 한다고 말한다. 먼저 '목적'의 의미부터 분명히 해 둘 필요가 있다. 목적이 된다는 것은 인생에서 스스로 목표를 설정하고, 인생 계획을 세우고, 삶의 방식을 선택할 능력을 갖는 것이다. 다른 어떤 동물도 이 능력을 가지고 있지 못하다. 그러므로 이 능력은 인간존엄성의 결정적인 토대가 된다. 우리는 사실 남들을 수단으로 이용할 때가 많다. 배관공에게 물이 새는 파이프를 고쳐 달라고 요청하는 것이 일례다. 우리는 타인을 수단으로 이용할 수밖에 없다. 이는 우리가 벗어날 수 없는 사실이다. 하지만 여기서의 요점은, 타인을 단지 내 재량껏 이용할 수 있는 존재로만 여겨서는 안 된다는 것이다. 타인을 오로지 수단으로만 여기는 것은 그 사람의 인간존엄성을 무시하는 처사다. 우리는 남들이 그들의 삶을 형성할 권리를 존중해야 한다. 거짓말은 그 권리를 존중하지 않는 행동이다. 다시 말해 남에게 거짓말하는 것은 남을 수단으로 취급하는 전형적인 사례다. 내게 거짓말하는 사람은 나로 하여금 실제와 다른 것을 믿게 하려는 사람이다. 그렇게 함으로써 그 사람은 내게 영향력을 행사하려 든다. 내 인식이 사실 자체보다 그의 의도에 좌우되기 때문이다. 거짓말은 남에게서 자유롭게 행동할 능력을 빼앗는 것이라 할 수 있다.

거짓말은 우리가 서로를 자유롭고 동등하게 보는 계약을 위반하는 행위다. 거짓말을 금하는 칸트의 정언명령을 뒷받침하는 가장 근본적인 직관은 거짓말은 강압의 한 형태라는 것이다. 아는 것이 힘인 세상에서 속은 사람은 힘을 빼앗긴 사람이다. 거짓말은 거짓말을 믿는 사람에게서 거짓말쟁이에게로 권력을 이전한다. 상대가 거짓말로 나를 속이는 데 성공하면, 내 생각은 독자적 현실이 아닌 상대의 의도에 따라 움직이게 된다. 상대의 거짓말은 내게서 행동의 진정한 선택권을 빼앗는다. 내게 다른 목표들을 부과하고, 내가 선택하지 않았을 수단들을 사용하도록 유도한다. 물론 내가 자유롭게 선택했을 때보다 더 좋은 결과를 얻을 수도 있다. 하지만 그렇다 해도, 내가 어느 길로 갈지에 대해 사실에 기반한 자유로운 결정을 내릴 기회를 박탈당했다는 데는 변함이 없다. 오로지 타인의 이익 극대화를 위한 세상에서 가장 이타적이고 자비로운 거짓말이라 해도 거짓말은 거짓말이다.

한 논문에서 칸트는 거짓말을 하지 않을 의무는 절대적 당위성을 가지며, 따라서 타인의 생명을 구하기 위한 거짓말도 허용되지 않는다고 했다.[23] 앞서 보았다시피 아우구스티누스도 비슷한 견지를 취했다. 다만 아우구스티누스의 경우가 신학적 이유에서였다면 칸트의 정당화는 세속적이다. 칸트의 논문은 프랑스 철학자 뱅자맹 콩스탕(Benjamin Constant, 1767~1830)이 쓴 팸플릿(소논문)에 대한 반응이었다. 콩스탕은 문제의 팸플릿에서 어느 '독일 철학자'를 공격했다. 이름은 밝히지 않았지만 이 '독일 철학자'는 누가 봐도 칸트였다. 콩스탕은 진실이 중대한 해악을 초래하는 경우에는 아무도 진실을 들을 권리가 없다고 주장한다. 예를 들어 살인마가 범행 대상으로 점찍은 사람의 소재를 물을 때에는 진실을 말해 줄 필요가 없다. 칸트는 이런 주장을 받아들이지 않는다. 칸트는 누구에게도 인정人情에서 거짓말할 권리가 없다고 말한다. 그는 누군가 살인마를 피해 내 집에 숨었고, 잠시 후 살인마가 나타나 피해자가 이 집에 숨어 있는지 물을 때조차도 거짓말은 부도덕하다고 주장한다. 대답을 거부하거나 문을 쾅 닫을 수는 있지만 거짓말은 안 된다는 것이다. 또한 칸트는 내가 사실을 말한 후에 벌어질 일, 즉 살인마가 그 정보를 가지고 하게 될 일을 두고 나를 비난할 수 없다고 주장한다. 나는 내가 해야 할 일을 했을 뿐이고, 차후에 전개되는 상황은 내 손을 떠난 일이다. 반면, 이때 만약 내가 거짓말을 한다면 차후에 일어난 일의 연루자가 된다.[24] 피해자가 옷장에 숨어 있다고 믿고 살인마에게 피해자가 뒷문으로 나가 마을로 도망갔다고 거짓말한다 치자. 그런데 사실 피해자는 내가 모르는 사이에 마을로 도망쳤고, 그 결과 살인마가 마을에서 피해자를 찾아냈다면? 이 경우 내 거짓말이 살인마에게 옳은 방향을 일러준 것이 된다. 칸트에 따르면 이 경우 애초의 내 의도가 도우려는 것이었다 해도 나는 피해자의 죽음에 공모한 셈이 된다.

칸트의 관점이 우리가 피해자보다 살인마를 배려해야 한다는 말처럼 들릴 수 있다. 하지만 그렇지 않다. 칸트는 살인마는 요구할 권리가 없는 정보를 요구하는 것이기 때문에 내가 거짓말을 한다 해서 그에게 해를 끼치는 일은 아니라고 강조한다. 그렇다면 살인마에게 거짓말을 해도 하등 문제될 것이 없지 않나? 그러나 칸트는 거짓말은 어느 한 사람에 대한 잘못이 아니라 모든 사람에 대한 잘못이라고 주장한다.[25] 살인마에게 거짓말을 함으로써 나는 살인마가 진실을 알 권리를 침해한 것이 아니라 내게 정직한 행동을 요구하는 인간 공동체의 권리를 침해한 것이다. 나는 사람들이 더불어 사는 데 필요한 신뢰를 훼손한 것이다. 솔직히 칸트의 주장이 납득하기 쉬운 말은 아니다. 내게 도움이 절박할 때 남들이 나를 도와줄 거라고 믿을 수 있는 사회가 신뢰 있는 사회라고 할 수 있지 않을까?

이 문제에 대한 다른 해법을 생각해 보자. 만약 칸트가 살인마에게 이렇게 대답했다면? "Er isst nicht hier." 이는 매우 교활한 대답이다. 다음 문장과 발음이 정확히 같기 때문이다. "Er ist nicht hier." 첫 번째 문장은 '그는 여기서 먹지 않는다'는 뜻이고, 두 번째 문장은 '그는 여기에 없다'는 뜻이다. 내가 피해자에게 먹을 것을 주지 않은 이상 이 말은 허위 진술이 아니다. 물론 요점은 살인마가 이 진술을 피해자가 내 집에 없다는 뜻으로 알아듣는 것이다. 칸트라면 이런 해법을 절대 인정하지 않을 것이다. 칸트 입장에서는 살인마를 속일 의도로 'isst'와 'ist'의 발음 유사성을 이용하는 것도 거짓말에 해당한다.

한편 버나드 윌리엄스는 칸트의 예시에 나오는 살인마 같은 사람들은 진실을 알 자격이 없다고 주장한다.[26] 이는 꽤 신기한 정식화다. 진실을 알 자격이 따로 있다는 걸까? 그리고 상황에 따라 그런 자격이 있기도 하고, 없기도 하는 걸까? 이 주장보다는 우리에게 진실에 대한 권리가 있다는 주장이 더 합리적으로 들린다. 우리에게 진실에 대한 권리가 있다는 것은, 통상적으로 우리가 서로 대화할 때 암묵적으로 모종의 약속, 특히 진실을 말할 약속을 한다는 뜻이다. 즉 진실에 대한 권리는 의사소통 상황이 낳은 결과인 것이다. 이 개념은 진실을 알려면 자격이 필요하다는 개념보다 합리적으로 다가온다. 더구나 무언가를 받을 자격을 갖출 책임은 대개 받을 사람에게 있다. 그렇다면 우리 스스로 진실을 알 자격을 갖춰야 한다는 뜻인데, 여기에 어폐가 있다. 반면 '권리'라는 용어는 화자가 의사소통을 할 때 청자에게 그것을 부여함을 암시한다.

일상에서 우리는 생면부지의 사람들과 수없이 상호작용한다. 또한 그중 다수는 우리가 다시는 말을 섞을 일이 없는 사람들이다. 한 번도 말을 나눈 적이 없는데, 그들이 우리에게 진실을 들을 '자격'이 있는지 없는지 어떻게 알겠는가?

그들은 우리와의 관계에서 그런 것을 얻을 기회가 없었다. 그럼에도 사람들 대부분은 낯선 사람에게도 진실을 말할 의무가 있다고 생각한다. 이유가 뭘까? 추정컨대 진실을 알 권리는 자격의 유무에 걸린 문제가 아니기 때문이다.

진실에 대한 권리는 제한될 수 있을까? 예를 들어 우리에게는 타인에게 해를 입지 않을 권리가 있지만, 이 권리는 타인의 자기방어권에 의해 제한될 수 있다. 즉 누군가 나를 부당하게 해치려 할 때 나는 정당방위 차원에서 상대를 해칠 권리가 있다. 또는 상대가 제삼자를 부당하게 해치려 할 때도 그것을 막기 위해 상대에게 해를 가할 수 있다. 그럼 거짓말에도 같은 이치를 적용해야 하지 않을까?

개인적으로 나는 살인마에게 거짓말하는 건 옳을 뿐 아니라 일말의 죄책감도 느낄 필요 없는 일이라는 버나드 윌리엄스의 의견에 동의하는 편이다.[27] 살인마로부터 사람을 살리기 위해 거짓말한 것을 두고 죄책감에 시달려 밤잠을 설치는 사람이 있다면 그야말로 도덕심이 고장난 게 아닐까? 그런 사람은 아리스토텔레스의 설명에 따르면 무엇이 옳은지를 제때에 제대로 느끼지 못하는 사람이다.

한편 쇼펜하우어(Arthur Schopenhauer, 1788~1860)는 기본적으로 칸트의 생각을 따른다. 그도 거짓말은 타인을 내 의지에 봉사하도록 강제하는 도덕적으로 비난받을 행동이라고 주장한다.[28] 또한 거짓말은 사람들을 한데 묶는 정직의 유대를 파괴하므로 폭력보다도 나쁜 수단이라고 말한다. 하지만 칸트와 달리 쇼펜하우어는 거짓말이 정당화되는 예외적인 경우들이 있다고 본다. 무엇보다 자신의 생명과 건강을 보호하기 위한 거짓말일 때 그렇다. 누군가 내 사생활을 캐물으며 본인과 하등 상관없는 일에 대해 질문할 때도 거짓말이 허용된다고 말한다. 쇼펜하우어는 후자의 경우를 다음과 같이 정당화한다. '사람들에게는 사회적 통념을 숙지할 필요가 있으며, 따라서 통념상 부적절한 질문을 하면 정직한 답변을 기대할 수 없다는 것을 알아야 한다.'

칸트의 도덕론은 거짓말이 대체로 잘못인 이유를 설명하는 데는 훌륭하지만, 몇몇 예외들을 다루는 데는 미흡하다. 그의 이론은 개별 경우들의 특수성을 고려하지 못하고, 그 결과 평가 기준을 달리 적용해야 보다 도덕적인 판단이 가능한 경우들까지 모두 일관적으로 취급해 버린다. 칸트의 분석은 맥락을 적절히 반영하지 못한다. 즉 사람들에게 거짓말하는 좋은 이유와 나쁜 이유가 있을 수 있다는 것은 고려하지 않는다. 또한 거짓말과 정치를 다룬 5장에서 살피겠지만, 경우에 따라서는 거짓말이 허용될 뿐 아니라 필요하다고 믿을 이유들도 있다.

결과주의 관점에서 보면, 살인마 사례에서 거짓말은 전

혀 문제될 게 없다. 거짓말의 결과가 진실을 말하는 결과보다 명백히 더 낫기 때문이다. 이득은 피해자의 목숨을 구하는 것인 반면, 비용은 거짓말하는 노력뿐이다. 이 경우 당연히 거짓말해야 한다. 결과주의 윤리는 항상 최선의 결과를 얻는 방향으로 행동해야 한다고 선언한다. 이 관점에서는 본래적으로 좋은 행동이란 없다. 어떤 행동이 선한 행동인지 여부는 전적으로 그 행동의 결과에 달려 있다. 마찬가지로 이 관점에서는 본래적으로 나쁜 행동도 없다. 어떤 행동의 결과가 대안들의 결과보다 좋기만 하면 그 행동은 좋은 행동이 된다. 따라서 이 관점에서는 진실성이 원칙적으로 거짓말보다 긍정적인 가치를 갖지도 않는다. 어느 쪽이 더 나은지는 결과에 달려 있을 뿐이다.

하지만 유념할 것이 있다. 이때의 결과란 관계된 모두의 결과를 말한다. 내게 좋은 일이면 다 좋은 일일까? 그렇지 않다. 내 니즈가 중요한 만큼 다른 사람의 니즈도 중요하다. 만약 거짓말의 결과가 내게는 이득이지만 남들에게는 손해라면? 거짓말의 결과를 전체적으로 따져 볼 필요가 있다. 영국 철학자 제러미 벤담(Jeremy Bentham, 1748~1832)이 윤리적 행동이란 최대 다수에게 최대 행복을 가져다주는 행동이라는 원칙을 제시했다.[29] 다시 말해 대안적 행동들에 비해 더 많은 행복을 가져오거나 더 많은 고통을 막는 행동을 택해야 한다. 이것은 공평 원칙이다. 걸인이든 총리든 공리계산법에서 모든 사람의 행복은 동등한 중요성을 갖는다. 벤담의 표현에 따르면 각각의 사람은 한 명에 해당하며 누구도 한 명 이상으로 계산될 수 없다. 하지만 이것이 모두가 동일한 양의 행복을 누린다는 의미는 아니다. 중요한 것은 행복의 총합이다. 만약 사람들 중 일부에게 극도로 불행한 역할이 주어지는 대신 나머지가 얻을 행복이 그 불행을 상쇄하고도 남을 만큼 많다면, 그래서 행복의 총합이 최대가 된다면, 그때는 그 소수에게 불행한 역할을 주는 것이 도덕적으로 옳은 일이 된다.

그렇다면 남에게 거짓말을 하거나 심지어 남에 대한 허위사실을 유포해도 그렇게 하지 않은 것보다 나은 결과를 낳는다면 옳은 행동이 된다. 그런 점에서 결과주의 윤리는 거짓말에 대문을 활짝 열어 주는 것처럼 보이지만 사실은 그렇지 않다. 결과주의 윤리가 거짓말을 본래적으로 나쁘게 보지 않는 것은 맞다. 이유는 간단하다. 결과주의 윤리는 어떤 것도 본래적으로 나쁘게 보지 않는다. 결과주의 윤리도 궁극적으로 거짓말은 언제나 잘못이라는 결론에 이른다. 진실이 통칙인 것이 사회에 명백히 유리하기 때문이다. 우리가 서로를 믿을 수 없다면 사회적 상호작용이 극도로 힘들어진다. 거짓말의 결과를 평가하기도 어렵고, 당장의 이득이 있다 해도 거짓말의 장기적 이해득실을 따지는 것은 더욱 어려워진다.

벤담의 결과주의 윤리를 계승, 발전시킨 존 스튜어트 밀(John Stuart Mill, 1806~1873)은 다음과 같이 말한다. "거짓말은 잘못이다. 거짓말의 결과는 호도이기 때문이고, 대인 신뢰를 깨기 때문이다. 또한 거짓말은 비열하고 비겁하다. 거짓말은 진실 표명의 결과를 감당하지 못하는 데서 기인하기 때문이며, 단도직입적 방법으로는 목적을 이룰 능력이 없다는 증거이기 때문이다."[30] 전반적으로 밀은 진실감각을 인간의 위대한 점 중 하나로 여기며, 그 감각을 약화시키는 모든 것을 근본적인 해악으로 본다. 다만 여기에는 예외들이 있으며, 결과주의 윤리의 일차적 과제는 한편으로는 진실을 지키면서 다른 한편으로는 해악들을 방지할 방법을 모색하고 제시하는 것이라고 말한다.[31] 그러면서 이런 행동수칙은 쉽게 통제 불능이 될 수 있으므로, 애초에 거짓말을 최대한 피해야 한다고 경고한다. 그는 남을 칭찬할 방법이 거짓말밖에 없다면 그 사람을 칭찬하지 않는 게 옳다고 덧붙인다.[32] 그렇다. 밀은 하얀 거짓말의 사용도 반대한다.

우리는 일상에서 수없이 거짓말을 한다. 대개는 그 거짓말에 따를 결과가 필요해서고, 그것은 대개 자신에게 미칠 결과다. 이때 우리는 당장의 결과에만 중점을 두는 경향을 보인다. 예컨대 민망한 상황을 모면하거나 상대의 감정을 해치지 않기 위해서 자주 거짓말한다. 반면 대인관계와 진실 통칙에 미칠 장기적 결과에 대해서는 별로 관심이 없다. 이런 경향은 외견상 대수롭지 않은 거짓말을 할 때도 마찬가지다. 우리의 친구나 지인 중에는 약속에 늦거나 모임에 빠지는 이유 따위의 사소한 것을 두고 걸핏하면 거짓말하는 사람들이 있다. 심지어 거짓말을 하도 뻔질나게 해서 남들이 아예 믿지 않는 사람도 있다. 내 친구 중에는 이런 사람이 없다. 하지만 한때 친구였다가 단순한 지인으로 '강등된' 사람 중에는 있다.

거짓말은 우리가 대체로 서로를 믿는 여건에서만 가능하다. 이 신뢰는 사회가 기능하거나 심지어 존속하기 위한 전제 조건이다. 거짓말은 이 신뢰에 대한 배신이다. 하지만 거짓말이 항상 신뢰를 허물기만 하는 것은 아니다. 만약 친구에게 나만 아는 비밀이 있고, 친구의 비밀이 밝혀질 위기에 처했을 때 내가 그 비밀을 지켜 주기 위해 거짓말을 했다면, 나에 대한 친구의 신뢰도가 상승할 것이다. 반대로, 내가 거짓말하기를 거부해서 결과적으로 친구의 비밀이 드러났다면, 나에 대한 친구의 신뢰가 박살날 가능성이 높다. 내게 친구의 입장 따위는 매우 한정적인 중요성을 갖는다는 것을 친구가 깨달았을 테니까. 이렇게 오히려 거짓말이 대인 신뢰를 강화하고, 진실성이 그것을 약화시키는 상황들도 있다. 그러나 대개는 그 반대다.

누군가 거짓말을 했다고 해서 우리의 관계들이 즉각 해체되고 사회적 붕괴가 반드시 일어나는 것은 아니다. 하지만 개개의 거짓말이 파국에 조금씩 기여한다. 진실을 말하는 것이 참담한 결과를 부를 게 뻔해서 거짓말이 오히려 선에 가까워 보이는 경우가 있다. 나라면 무고한 사람의 생명을 구하기 위해 거짓말을 했을까? 당연하다. 내가 실제로 그런 상황에 처한 적이 있던가? 전혀 없다. 시셀라 복이 지적하듯 '누군가를 살인마로부터 구하기 위한 거짓말' 같은 극단적 예를 이용해서 거짓말이 때로는 필요하다고 주장하는 것은 무리가 있다. 그건 평생 한 번 일어날까 말까 한 상황이기 때문이다.[33] 간단히 말해 해당 상황은 너무 특수해서 거짓말의 필요성에 대한 일반적이고 의미심장한 근거가 되지 못한다. 나만 해도, 지구에 살았던 50년 동안 내가 진실을 말하면 재앙이 따를 게 분명해서 거짓말이 불가피했던 적은 단한 번도 생각나지 않는다. 그렇다면 내가 평생 했던 거짓말 중에 도덕적으로 받아들여질 만한 것은 하나도 없다는 뜻일까? 그게 아니라면, 살인마 상황처럼 극적인 상황이 아닐 때도 거짓말이 옳을 때가 있을까? 어떤 유형의 거짓말이 거기 해당할까?

거짓말의 윤리

하얀 거짓말

하얀 거짓말이란 것이 정말 있을까? 하얀 거짓말이란 정확히 무엇일까? 앞서 보았듯 칸트는 하얀 거짓말이란 표현 자체를 거부했다. 진짜 하얗다면 거짓말이라 부를 수 없고, 진짜 거짓말이면 하얗다고 말할 수 없기 때문이다. 이 분야 문헌에도 하얀 거짓말이란 용어가 정확히 무엇을 의미하는지에 대한 분명한 합의가 없다. 흰색은 '무해함', '소소함', '자비', '용인 가능성'을 의미한다고 볼 수 있다. 자신의 이익이나 안위를 위한 거짓말도 하얀 거짓말이 될 수 있을까? 대수롭지 않은 거짓말이면 하얀 거짓말일까? 예를 들어 영화관에 못 가는 이유를 진실하지만 장황하게 설명하는 대신 간략하게 거짓 핑계를 댄다면? 어떤 이들은 하얀 거짓말이라는 용어에 보다 넓은 의미를 부여해서, 긍정적 결과를 내거나 자기방어 수단으로 사용된 거짓말에 이 용어를 쓴다. 하지만 그 경우 누군가에게는 심각한 결과를 초래할 수 있기에 '무해'한 거짓말은 아니다. 이처럼 하얀 거짓말과 검은 거짓말의 구분은 분명하지 않다. 그 구분이 좋은 결과와 나쁜 결과, 정의와 불의, 선의와 악의, 이타주의와 이기주의 등의 구분과 딱히 들어맞지도 않는다. 그럼에도 이것들은 거짓말이 하얀지 검은지에 대한 우리의 평가에 영향을 미친다. 하얀 거짓말과 검은 거짓말 사이의 어디에도 명확한 경계는 보이지 않는다. 대신 흰색에서 검은색으로의 점진적 변화가 있고, 회색의 오만가지 그림자들이 가득 너울댄다. 다만 일반적으로 '하얀 거짓말'이 '예의상의 거짓말', 즉 남의 감정을 해치지 않기 위한 거짓말의 의미로 쓰이는 경향은 있다.

여기 로라와 프란체스코가 있다. 둘은 부부다. 로라는 오래전부터 프란체스코의 절친과 바람을 피우고 있다. 그녀는 프란체스코에게 '상처 주고 싶지 않아서' 불륜을 숨기고 거짓말을 해 왔다. 로라의 눈에는 프란체스코의 감정을 배려한 좋은 동기에서 나온 거짓말일지 몰라도, 사람들의 눈에 로라의 거짓말은 몹시 악의적인 거짓말이다. 로라의 거짓말은 엄청난 속임수에 해당하며, 명백히 프란체스코에게 해롭다. 로라의 거짓말은 프란체스코가 로라처럼 이중적인 사람과 결혼생활을 유지하고 싶은지 자유롭게 고려할 기회를 박탈했다. 하얀 거짓말이 되려면 요건이 더 필요하다. 예컨대 아무에게도 해를 끼치지 않아야 하얀 거짓말이라는 조건을 추가해야 한다. 로라의 거짓말은 프란체스코에게 해롭기 때문에 이 정의를 벗어난다. "내가 모르는 것은 나를 해칠 수 없다."는 격언이 있지만 이는 사실이 아니다. 로라의 거짓말은 프란체스코에게 그가 생각하는 것과 딴판인 사람과 관계를 유지하도록 강제한다. 만약 로라가 불륜을 이미 끝냈고, 지금은 그것을 부부 사이에 아무 영향도 주지 않는 한때의 불장난으로 생각한다면 어떨까? 그럼 그녀의 거짓말은 용납 가능한 것이 될까? 로라의 불륜이 지금은 중요하지 않은 과거의 작은 실수에 불과한지 어떤지는 속은 사람의 마음에 달린 것이지, 속인 사람이 판단할 문제가 아니다. 이 거짓말로 인해 피해자는 가해자의 행동을 놓고 봤을 때 가해자와 관계를 유지하는 것이 가치 있는 일인지 실질적으로 평가할 기회를 잃었다. 거짓말쟁이는 상대에게 상처 주기 싫었다는 명분으로 자기 거짓말이 정당화됐다고 생각할지 모른다. 하지만 중립적인 관점으로 봐야 상황을 명확히 볼 수 있다. 로라의 거짓말은 이타적인 동기에서 나온 거짓말이 아니다. 질타당하고, 망신당하고, 특히 자기에게 중요한 사람을 잃는 데 대한 두려움에서 나온 거짓말이다.

만약 내가 프란체스코의 친한 친구이고, 내가 로라의 불륜과 거짓말을 알게 됐다면? 내 친구 프란체스코는 자기 정체성과 인생 목표의 많은 부분을 결혼생활에 두는 사람이다. 그가 배우자의 불륜을 알게 되면 절망의 나락으로 떨어질 것이 분명하다. 이때 나는 프란체스코에게 사실을 알려줘야 할까? 이 질문에 대한 일반적인 답은 없다. 다만 로라의 거짓말을 덮어 주다가 나까지 프란체스코에게 거짓말하는 일은 없어야 한다. 내 거짓말은 프란체스코가 로라 없는 새로운 인생 목표를, 가급적이면 더 안정된 기반에 다시 세울 기회를 박탈하는 것이 된다.

여기서 요건이 하나 더 늘었다. 하얀 거짓말은 상대의 이익을 위한 것이어야 한다. 예를 들어 우리는 실제로는 상대의 취향이 형편없다고 생각하면서도 상대의 옷이나 실내 장식을 칭찬하고, 실제로는 음식이 입에 맞지 않아 토할 뻔했지만 맛있게 잘 먹었다고 말하고, 음식은 좋았어도 디너파티 자체는 지독히 지루했지만 떠날 때는 정말 즐거운 시간이었다고 말한다. 모두 상대의 감정을 해치지 않기 위한 거짓말이다. 이는 만약 내가 진심을 말하면 상대가 기분을 잡칠 거라는 추정에 기반한다. 하지만 간과해서는 안 될 점이 있다. 하얀 거짓말을 할 때 진짜 동기는 타인의 감정을 지켜 주려는 배려가 아니라 진실을 말하는 데 따른 자신의 심적 불편을 피하려는 욕구일 때가 많다.

환자에게 진실을 알리는 것이 환자를 위한 최선이 아니라고 믿는 의사의 경우는 어떨까? 예를 들어 실제로는 수술 중에 합병증이 발생할 위험이 높지만 의사는 수술을 앞두고 환자를 안심시키기 위해 합병증 가능성이 낮다고 거짓말할 수 있다. 이때 만약 의사가 거짓말에 능숙하지 못해 환자가 의사의 속을 간파한다면? 이 경우 환자가 더욱 겁먹을 수 있다. 환자에게 의사가 사실을 말한다는 확신이 없으면 향후의 치료에 어떤 영향이 미칠까? 이렇게 가정해 보자. 살날이

몇 달 남지 않은 환자가 있다. 하지만 마지막까지 별다른 증상 없이 살 수 있다. 이를 아는 의사는 갈등한다. 환자가 남은 기간 마음 편히 지내도록 임박한 죽음을 알리지 말까? 그렇게 하면 환자는 자신에게 남은 시간을 어떻게 보낼지 결정할 기회를 영영 잃게 된다. 환자는 남은 기간 동안 바로잡고 싶은 일을 바로잡고, 못다 한 일을 끝내고 싶지 않을까? 이제 더는 미룰 수 없다는 것을 아니까. 그리고 세상에 제대로 작별을 고하고 싶을 것이다.

임종을 앞둔 사람에게 거짓말하는 것은 어떨까? 아버지에게 마지막 순간이 다가왔다는 것을 알았을 때 아버지와 나는 몇 번의 뜻깊고 친밀한 대화를 나눴다. 작별의 시간이 얼마 남지 않았다는 사실을 서로 숨기지 않은 진솔한 대화였다. 그때 나는 어머니와도 이런 대화를 가졌다면 얼마나 좋았을까 하는 생각이 들었다. 어머니는 자신이 곧 임종할 가능성에 대한 고려를 완강히 거부했다. 나는 어머니에게 다 좋아질 거라는 거짓말은 하지 않았다. 하지만 어머니가 원치 않는데 어머니의 임박한 죽음을 억지로 거론하는 것도 내가 할 일은 아니었다.

하얀 거짓말의 이면에는 그것이 무해하다, 말 그대로 누구에게도 해를 주지 않는다는 관념이 존재한다. 하지만 거짓말을 하는 사람이 그 거짓말의 결백을 판단할 입장이 될까? 첫째, 거짓말하는 사람은 상대가 진실 대신 빈말을 더 좋아할지 어떨지 확실히 알 수 없다. 하얀 거짓말은 상대에게 진실을 감당할 능력이 없을 거라는 다소 오만한 추정에서 비롯된다고 할 수 있다. 연민을 이유로 거짓말을 함으로써 나는 나 자신을 상대의 인생과 인간관계와 평판에 결정권을 행사할 판사로 임명한 셈이다. 둘째, 하얀 거짓말쟁이는 거짓말이 자신의 도덕적 품성에 미치는 부패 효과를 간과한다. 하얀 거짓말을 한 번 하면 다음에는 더 쉬워지고, 점점 회색 거짓말로 진행하고, 이 회색이 점점 짙어지고, 결국에는 검은 거짓말을 하는 것도 점점 자연스러워진다. 하얀 거짓말은 진실성의 습관을 허문다. 몽테뉴(Michel de Montaigne, 1533~1592)는 이렇게 썼다. "거짓말은 저주받을 악덕이다. 우리는 오직 언약을 통해서만 함께 어울려 사람답게 살아갈 수 있다. 거짓말의 무서움과 가중함을 생각한다면, 거짓말이야말로 다른 어떤 범죄보다 화형감이다."[34] 거짓말쟁이를 화형에 처하는 것은 과잉 반응이겠지만, 거짓말이 우리 사회를 떠받치는 대인 신뢰를 허문다는 점에서 중대한 도덕적 문제인 것은 사실이다.

거짓말의 충동을 느낄 때 우리는 타인의 입장에서 생각해 볼 필요가 있다. 비슷한 상황에서 남이 내게 저런 거짓말을 한다면 내 기분은 어떨까? 내게 거짓말한 사람에 대한 내

시각이 어떻게 변할까? 사소한 것이라도 거짓말을 눈치 채면 상대가 자기 편할 때 거짓말하는 사람이라는 생각이 들고, 그 사람에 대한 믿음에 금이 간다. 이는 상대에 대한 내 관점을 바꾼다. 만약 그런 일이 또 일어나면 내 신뢰는 또 박살나고, 결국 관계가 돌이킬 수 없이 악화된다.

언젠가 나는 어느 대사관이 주최하는 디너파티에 여자친구와 함께 간 적이 있다. 그녀는 그런 자리에 초대받은 적이 처음이라서 긴장했고, 어떤 차림으로 가야 할지 내게 조언을 구했다. 그때 내 대답이 불분명했던 건지, 아니면 그녀가 오해한 건지는 기억나지 않는다. 다만 디너가 시작되기 직전에 그녀를 만났을 때, 그녀가 고른 드레스가 그 자리에 적합하지 않았다는 것만은 분명했다. 치마가 무릎에 더 많이 가까웠다면 좋았을 뻔했다. 하지만 디너가 막 시작될 참이라 드레스를 바꿔 입을 시간이 없었기에 나는 그냥 그녀에게 멋져 보인다고 했다. 당시에는 난처한 상황을 나름 잘 넘겼다고 생각했다. 하지만 돌이켜보면 그것은 잘한 일이 아니었다. 그날 이후 우리가 그날의 일을 입에 올린 적은 없다. 하지만 당시에 그녀도 나도 하객들이 그녀의 드레스에 보이는 반응을 분명히 인지했다. 물론 누구도 뭐라 하는 사람은 없었다. 내 하얀 거짓말은 그녀의 긴장을 완화하는 데 하등 도움이 되지 못했다. 도움은커녕 향후 내 조언에 대한 그녀의 신뢰감을 떨어뜨렸을 게 분명하다. 무엇보다 나는 드레스가 너무 짧다는 평을 그녀가 감당하지 못할 거라고 추단함으로써 그녀가 대처할 기회를 빼앗았다. 내 행동은 그 순간 선의에서 나온 행동이었지만 장기적으로는 결과가 좋았다고 하기 힘들다.

정직한 말보다 격려가 더 유혹적일 때가 많다. 격려가 더 좋은 분위기를 만들기 때문이다. 철학과 학생들이 내게 자주하는 질문이 있다. "제가 이 공부를 계속해도 좋을까요?" 내가 할 수 있는 가장 쉬운 일은 격려의 말을 하는 것이다. 그럼 그 학생은 원하는 대답을 얻고, 내 학과는 수익이 늘어난다. 그럼에도 나는 항상 최대한 정직하게 대답하려 노력한다. 이때의 대답은 내가 해당 학생이 철학에 재능이 있다고 보는지에 기반한다. 이 재능이 시험 성적과 정비례하지는 않는다. 성실하고 좋은 성적을 받지만 훌륭한 학생 이상으로 발전할 가능성은 희박해 보이는 학생들이 있다. 그런가 하면 생활에 규율이 없고, 행동에 원칙도 없고, 높은 성적과도 다소 거리가 있지만, 토론 등에서 특출한 철학적 사고 능력을 보이는 학생들도 있다. 따라서 나는 성적이 우수한 학생에게 다른 과목을 찾는 게 낫겠다고 말하기도 하고, 그저 그런 성적의 학생에게 학업에 더 매진한다면 장차 이 분야에서 대성할 수 있을 거라고 말하기도 한다. 성적은 좋지만 이 분야에 딱히 소질이 있어 보이지 않는 학생에게 미래가 눈부시게 밝으니 선글라스를 준비하라고 말해야 했을까? 단지 그 학생이 마음 상하는 것을 막기 위해서? 그건 착한 거짓말일지는 몰라도, 그 학생에게 장기적으로 도움이 되는 거짓말은 아닐 것이다.

누군가에게 거짓말하는 것은 그 사람의 현실 접근을 차단하는 일이다. 착한 거짓말, 못된 거짓말 모두에 해당되는 사항이다. 거짓말은 상대의 자유를 박탈한다. 거짓말은 아무리 선의에서 비롯된다 해도 상대가 주변이나 자신으로부터 얻을 수 있었던 통찰을 막는다. 반면 진실은 그를 자유롭게 할 수 있다. 진실은 그가 인생에서 무엇을 어떻게 바꿔야 할지 보여 줄 수 있다. 때로 진실은 우리에게 고통스럽거나 심지어 파괴적인 결과를 부른다. 그래도 상대가 진실을 감당하기 역부족이라고 추정하는 것은 오만이다.

애덤 스미스(Adam Smith, 1723~1790)는 무해한 거짓말을 하는 사람, 타인의 안녕 증진을 위한 선의에서 거짓말하는 사람조차도 어느 정도의 수치심과 후회와 자책감을 경험한다고 말했다.[35] 나는 거짓말에 늘 양심의 가책이 따른다는 점에 수긍하지 않는다. 거짓말에 늘 가책이 따라야 한다는 점에는 동의한다. 물론 하얀 거짓말은 회색이나 검은색 거짓말만큼 괴롭지는 않다. 일단 선의에서 나온 것이고, 대단한 문제를 일으키는 일이 드물기 때문이다. 하지만 선의의 거짓말도 거짓말이므로 피해야 한다.

선의의 거짓말조차 피해야 한다는 말이 언제 어디서나 누구에게나 정직한 말을 쏟아 내야 한다는 뜻은 아니다. 때로는 입을 다물고 있는 것이 훌륭한 대안이 된다. 사사건건 의견을 보태는 것은 필요하지도 바람직하지도 않다. 때로는 악랄한 의도로 진실을 말하는 사람도 있다. 영국 예술가 윌리엄 블레이크(William Blake, 1757~1827)는 이렇게 지적했다.

나쁜 의도로 말하는 진실 하나가
우리가 꾸며낼 수 있는 모든 거짓말을 이긴다.

매사 진상을 직언할 필요는 없다. 누군가 내 판단을 요청하지 않았다면 굳이 그것을 제공할 의무가 없다. 사람들이 내게 의견을 구하지 않을 때는 다 그럴 만한 이유가 있을 것이다. 반대로 누군가 내게 의견을 구할 때는 솔직한 것이 좋다. 가령, 마땅치 않아 보이는 것을 두고 칭찬하는 것은 상대를 돕는 게 못 된다. 또한 말의 내용이 진실이라 해서 그것만으로 발언이 정당화되는 것은 아니다. 정중함 또한 필요한 미덕이다.

3장.
나에게 하는 거짓말

대체로 우리는 거짓말을 양방 간에 발생하는 일로 생각한다. 그런데 만약 거짓말의 발신자와 수신자가 동일인이라면? 내가 나 자신에게 거짓말하는 것이 가능할까? 가능하다면 다음 질문은 이것이다. 뭐 하러 그런 짓을 해?

이렇게 생각해 볼 수 있다. 자기기만의 존재 이유는 그것이 남을 기만하는 능력을 높여 주기 때문이 아닐까? 나부터 그 거짓을 믿는다면 남들에게 그것을 믿게 하기도 쉬워진다. 그만큼 내 거짓말에 진심이 실리고 내 설득 의지도 높아질 테니까. 하지만 물론 이것은 가설일 뿐이다.[1] 니체(F. W. Nietzsche, 1844~1900)는 이에 대해 다음과 같이 말했다.

뛰어난 기만자들에게는 그들에게 힘을 부여하는 한 가지 주목할 만한 공통점이 있다. 그들은 실제 기만행위에서, 기만행위를 위한 모든 준비와 홀리기 위한 목소리와 표정과 몸짓에서, 기만행위의 효과 증진을 위해 설계된 배경 한가운데서, **자신에 대한 믿음**에 사로잡혀 있다. 바로 이런 자기확신이 주위 사람들에게 그렇게 기적 같은 설득력을 발휘하는 것이다. 종교 창시자들이 뛰어난 기만자들과 다른 점은 이렇다. 그들은 이런 자기기만 상태에서 결코 벗어나지 않는다. 또는 의혹에 압도되는 명료한 사고의 순간을 매우 드물게 경험한다. 도리어 그들은 그 명료함의 순간들조차 사악한 적대자의 농간으로 치부함으로써 자신을 위안한다. [기만이] 대단한 **효과**를 내려면 자기기만이 존재해야 한다. 인간은 남들이 분명하고 강하게 믿는 것을 진실이라고 믿는 [성향이 있기] 때문이다.[2]

앞서 언급했듯 거짓말은 두 가지 생각을 동시에 가져야 하기 때문에 어렵다. 즉 실상이 어떠한지, 그리고 그것이 거짓말과는 어떻게 다른지 따져야 한다. 하지만 자신의 거짓말을 믿기 시작하면 머릿속에 한 가지 생각만 하면 된다.

자기기만이 자신에 대한 기만만은 아니다. 배우자가 실제로 바람을 피웠고, 냉철하게 봤을 때 배우자의 불륜을 말하는 증거들이 명백한데도, 배우자의 결백을 믿는 경우도 있다. 이런 지식은 흡수하는 것이 너무 고통스러워서 차라리 환상에 매달리는 것이 더 편하다. 사실 이런 유형의 자기기만도 비록 간접적이지만 자신에 대한 것이다. 타인과 자신의 관계에 대한 것이니까. 그러나 자기기만은 자기 파악의 한 형태로 작동할 때가 많다. 우리는 객관적 판단력에도 불구하고 종종 자신을 과대평가한다. 사람들은 자신이 독감에 걸릴 가능성은 낮다고 생각한다. 통계적으로는 자신이 사실상 남들과 똑같이 취약하다는 것을 알면서도 그렇다. 대다수 운전자들은 자신의 운전 실력이 평균 이상이라고 믿는다. 널리 공개된 한 연구에서는 미국 대학교수들의 94퍼센트가 자신의 교수 역량이 평균적 동료보다 뛰어나다고 주장했다.[3] 또한 사람들 대부분 자신의 판단력이 보통 사람들보다 높다고 믿는다.[4] 종합해 보면 조사에 임한 사람들 중 다수가 자기 능력을 과대평가하고 있다는 뜻이 된다. 물론 과반이 평균값보다 높은 값을 갖는 경우들이 있기는 하다. 예를 들어 팔이나 다리를 잃은 사람들이 있기 때문에 사람들의 팔이나 다리의 평균 개수는 2보다 적을 수밖에 없다. 하지만 대개의 사람들은 팔과 다리가 두 개씩이고 세 개인 사람은 없다. 따라서 이 경우는 과반이 가진 팔다리 수가 평균의 팔다리 수보다 많다. 하지만 대학교수의 경우는 대다수가 평균보다 뛰어난 교수 역량을 가질 수 없다. 이런 자기 과대평가가 자기기만에 해당하는지 여부는 분명하지 않다. 생각해 보라. 대개의 대학교수들이 실제로 남들에게서 자신이 뛰어나다는 평을 들었다면? 교육자로서 자신의 탁월함에 대한 망상이 거기서 비롯됐을 가능성도 있다. 그런데 그런 평이 남에게 들은 말이 아니라 자기가 자기에게 한 말일 수도 있다. 후자의 경우라면 자기기만이라는 딱지를 붙일 수 있다.

철학자들 사이에서는 자기기만이 정말로 존재하는지에 대해서조차 의견이 갈린다. 하지만 이 책에서는 자기기만 현상이 실재한다고 가정하겠다. 자기기만은 표면적으로는 자기 자신에게 거짓말하는 것이다. 거짓말쟁이처럼 자기기만자도 내심 진실이라고 믿는 것이 따로 있고, 겉으로 주장하는 것이 따로 있다. 다른 점은 일반적 거짓말쟁이는 거짓을 타인에게 말하는 반면, 자기기만자는 거짓을 자신에게 말한다는 것이다.

자기기만이 이해하기 어려운 현상인 이유는 무엇일까? 그것은 자기기만이 본래적으로 역설적이라는 데 있다. 한 가지 상황을 믿으면서 동시에 믿지 않아야 하기 때문이다. 속이는 사람과 속는 사람이 한 사람이고, 이 모든 일이 하나의 의식 안에서 일어나고 수용되어야 한다. A를 믿으면서 동시에 믿지 않는 일이 가능할까? 성립 불가능한 모순처럼 보인다. 대신 이렇게 생각해 보자. A를 뒷받침하는 증거가 더 확실하기에 A를 믿을 이유가 더 많고, 자기기만자도 그 점을 인지하고 있다. 하지만 그에게는 다른 신념이 있어서 A의 증거를 무시하기로 결정한다면? 이렇게 생각하면 모순의 느낌이 덜하다. 거기다 개인적으로 진실이기를 원하는 것이 따로 있다면 자기기만에 빠지기가 더 쉽다. 예를 들면 종교 지도자의 인격을 의심할 만한 이유가 충분한데도 계속해서 지도자가 훌륭한 사람이라고 믿는 신도도 있고, 대성하지 못한 이유가 실력 부족인 것이 확연한데도 실패의 원인을 다른 데서 찾는 예술가도 있다. 인심을 잃은 사람들 중에는 자신의 대인관계를 돌아보며 때로는 잘못이 자신에게 있었다는 것을 인정하는 대신 자신의 처지를 전적으로 남들의 탓으로 돌리는 사람들도 있다.

앞서 말했듯 버나드 윌리엄스에 따르면 진실성의 두 가지 요소는 정확성과 진정성이다. 자기기만의 경우 이 중에서 결핍 요소가 진정성이라고 생각하기 쉽다. 하지만 윌리엄스는 오히려 정확성 결여의 문제일 가능성이 높다고 본다. 즉 자기기만자는 정확성 면에서 자신을 저버린다. 자기기만자도 진심은 있다. 자기가 말하는 바를 믿는다. 다만 그 진심이 모래 위에 세워진 성은 아닌지 확인하려 들지 않는다. 윌리엄스는 자기기만을 (사기꾼의 사기 행각 같은) 일반적 형태의 기만과 비교하면서, 사기꾼을 물리치는 것만큼이나 피해자의 속는 성향에 대응하는 것이 중요하다고 주장한다. 윌리엄스는 만화〈심슨 가족The Simpsons〉의 주인공 호머 심슨이 한 말에 동의하는 셈이다. 한 에피소드에서 호머는 아내에게 거짓말하다가 들통나자 이렇게 말한다. "여보, 거짓말에는 두 사람이 필요해. 거짓말하는 사람과 그걸 듣는 사람." 거짓말을 들어 준 아내는 거짓말의 공범이고, 따라서 둘 다 거짓말에 책임이 있다는 주장이다. 진정한 정보 교환이 되려면 듣는 사람이 정확을 기해야 하고, 동시에 말하는 사람이 진심이어야 한다. 윌리엄스는 이렇게 말한다. "만약 자기기만이란 것이 있다면 거기에도 같은 원칙이 적용되어야 한다. 즉 자기기만에 넘어간 잘못을 따질 때, 사실 가해자로서의 진정성 결여보다 피해자로서의 정확성 결여에 더 큰 책임이 있다."[5] 이런 분석에 의하면 자기기만은 거짓말보다 트루시니스에 가깝다.

어쩌면 남들보다 자신에게 진실하기가 더 어렵다. 우리가 '자기통찰'이라 부르는 것은 진실보다 트루시니스일 가능성이 크다. 파스칼은 다음과 같이 썼다. "결점으로 가득한 것은 의심할 여지없는 악이다. 하지만 결점으로 가득한 것을 인정하려 들지 않는 것이 훨씬 더 심한 악이다. 이는 향후 고의적 자기기만이라는 추가적인 악을 수반하기 때문이다."[6]

사실 일정량의 자기기만을 적용하지 않고 삶을 헤쳐 나가기는 버겁다. 만약 우리 인생에서 자화자찬의 장식을 모조리 제거한다면 그 결과는 세상이 약간만 우울해지는 선에서 그치지 않을 것이다. 우리가 낙심의 바다에 표류하는 신세가 될 수도 있다. 칸트는 우리에게 타인뿐 아니라 자신에게도 진술할 의무가 있다고 주장한다. 인간은 자신을 통찰할 수 있는 유일한 존재며, 따라서 보다 나은 인간이 되기 위해 자신에 대한 통찰을 모색할 의무가 있다. 칸트는 자신을 냉철하게 성찰하면 우리 대부분이 침울한 결론에 떨어질 것으로 여겼다. 하지만 역시 칸트에 따르면, 다행인지 불행인지 인간은 자기기만 성향이 워낙 강해서 자신이 얼마나 비참한 존재인지 제대로 통찰하지 못하는 경우가 많다. 그렇다 해도 자신의 실제와 당위 사이에 거리가 있다는 것을 인정하지 않을 정도의 절대적인 자기기만이 일어나는 경우는 흔치 않다. 이제 그 흔치 않은 경우 중 하나를 알아보자.

루소의 완강한 자기기만

철학자 중에 장자크 루소(Jean-Jacques Rousseau, 1712~1778)만큼 자신은 가차 없이 정직했으며 특히 자신에 대해 정직했다고 기염을 토했던 사람도 또 없을 것이다. 하지만 역설적이게도 그는 악명 높은 거짓말쟁이로 판명 났고, 그가 가장 확실하게 속여 넘긴 대상은 바로 자기 자신이었다.

루소는 두 권으로 이루어진 《고백록》에서 자신이 진실성에서 타의 추종을 불허한다고 주장했다. 나아가 자신은 자신 너머를 탐색할 필요가 없으며, 진실을 밝히기 위해 필요한 것은 오직 자신의 감정을 참고하는 것뿐이라고 말했다. 하지만 불행히도 그의 《고백록》은, 좋게 말해서 믿을 수 없는 고백이다. 오죽하면 루소조차도 이 점을 그의 유작 《고독한 산책자의 몽상》에서 인정한다. 하지만 이 책에서 그는 전작의 거짓들에 더해 새로운 거짓들을 늘어놓는다. 일례로 그는 젊은 날 어느 귀족 집에서 일할 때 물건을 훔쳤다가 발각되자 하녀에게 뒤집어씌운 적이 있다. 그의 거짓말로 죄 없는 하녀는 심한 고초를 겪었다. 루소는 뒤늦게 그 일로 몹시 괴로웠다고 말한다. 그는 이렇게 썼다. "이 불행한 행동에 대한 기억과 그것이 내게 남긴 억제할 길 없는 회한이 내 안에 거짓말에 대한 공포를 불러일으켰다. 이 공포심이 평생 내 마음을 이 악덕으로부터 지켰어야 했다."[7] 지켰어야 했는데, 그러지 못했다.

영국 철학자 데이비드 흄(David Hume, 1711~1776)은 불행히도 한때 루소의 친구였다. 흄이 보기에 루소는 정말로 스스로에 대해 진실만을 말한다고 믿는 사람이었지만 실제로는 루소에 대해 루소만큼 잘못 아는 사람도 없었다.[8] 흄의 견해에 동의하지 않을 수 없다. 루소의 《고독한 산책자의 몽상》은 적들이 그에 대한 악의적 음모들을 획책하고 있다는 루소의 편집증적 공상이 대부분을 차지하는 책이다. 하지만 정작 신실치 못한 행동으로 교우관계를 망친 것은 루소 본인이었다. 루소는 "악에 관해 말하자면 내 의지는 결코 악과 부화뇌동한 적이 없다. 또한 세상에서 나보다 더 악을 멀리한 사람도 없을 것이다."[9]라고 썼다. 루소는 자신에 대해 합리적이고 냉철한 관점을 견지한 적이 없었고, 그랬기 때문에 특유의 완강한 자기 몰두에도 불구하고 자신을 제대로 알지 못한 채 평생을 보냈다. 루소는 자신에게 진실할 줄 몰랐고, 따라서 남들에게도 진실할 수 없었고, 따라서 전적으로 신뢰할 수 없는 사람이었다.

역설적이게도 루소의 인생 모토는 '비탐 임펜데레 베로(Vitam impendere vero, 진리에 목숨을 바친다)'였다. 그는 삶과 학문을 분리하는 기술에 통달한 사람이었다. 루소는 소설 형식의 교육론《에밀》에서 아이들을 완벽하게 양육할 의무와 방법을 역설했지만 정작 본인은 평생의 반려자였던 테레즈 르바쇠르와 낳은 아이 다섯 명을 태어나는 족족 보육원에 버렸다. 이 일에 대한 그의 주된 변명은 자신에게 아이들을 키울 여유가 없었다는 것, 정식 혼인관계가 아니었던 테레즈의 명예를 지켜 주려는 배려였다는 것, 그리고 보육원에서 자라는 아이들이 더 '튼튼하다'는 것이었다.[10] 당시 보육원의 아동 사망률이 프랑스 평균을 훨씬 웃돌았다는 사실은 그의 안중에 없는 듯했다. 그가 보육원의 비참한 실태를 제대로 인지하지 못했을 가능성은 있다. 하지만 보육원이 아이들에게 바람직한 성장 환경을 제공할 거라고 진심으로 믿었을 리 없다. 뿐만 아니라 그는 보육원에서 자란 아이들은 본인이 살아온 퇴폐적 사교생활에 물들지 않고 평범한 노동자나 농민이 될 수 있다고 강조했다. 루소는 여기에 그치지 않았다. 자신의 행동에 보다 철학적인 명분을 부여하기 위해서 그는 아이들을 양육할 책임은 국가가 맡아야 하며, 어떤 아동도 자기 부모를 알지 말아야 한다는 플라톤의 이론에 찬동하고 나섰다. 이 주장들은 정직한 진술이라기보다 일련의 합리화로 보인다. 《고백록》에서 루소는 자신이 테레즈의 어머니와 합심해 아이들을 보육원에 보내자고 테레즈를 설득했으며, 그것은 지극히 정상적인 일이었기에 그에게 어떠한 괴로움도 야기하지 않았다고 말한다.[11]

루소가 자녀들을 보육원에 보내기로 선택한 가장 명백한 이유는 그저 아이들이 그의 자아실현에 걸림돌이었기 때문이었다. 그는 늘 살던 대로 살고 싶었다. 하지만 루소는 자신의 탁월함, 자신의 무한에 가까운 연민과 선량함을 믿어 의심치 않는 사람이었기에 단 한 번도 그것을 이유로 인정하지 않았다. 모든 것을 고려할 때, 《고백록》을 쓰는 루소는 본인의 눈에는 세상 최고의 남자였다.[12] 하지만 이런 그에게도 마음 한구석에는 자신이 용납될 수 없는 일을 했다는 일말의 잠재된 자각이 있었던 것으로 보인다. 그는 어느 식사 자리에서 임신한 여성이 그에게 자녀가 있는지 물었던 때를 이렇게 회고한다. "나는 벌겋게 달아오른 얼굴로 아직 그런 행운을 누려 보지 못했다고 대답했다."[13] 분명히 그는 자신의 자녀 유기가 기탄없이 말하고 다닐 만큼 떳떳하지 못하다는 것을 알고 있었다.[14] 또한 그는 민망한 상황을 피하려고 수치심에서 거짓말한 적이 여러 번 있다고 인정한다. 그러면서 어떻게 그는 자신이 인생에서 다른 무엇보다 진실을 우선시했다는 주장을 할 수 있었을까?

뻔뻔한 루소는 이 문제도 직접 다룬다. 그는 진실에 대한 무조건적 사랑에도 불구하고 자신이 그렇게 많은 거짓말을 했다는 것이 놀랍다고 말한다.[15] 그러면서 그는 수치스런 상황에서 자구책으로 거짓말한 것에 대해 일말의 후회도 없다고 강조한다. 이 현상을 해명하기 위해 그는 각종 난해한 논리를 갖다 붙인다. 가령 그는 진실을 듣는 것이 청자에게 이로울 경우에만 거짓말이 거짓말로 인정된다는 논리를 편다. 자신이 그동안 입 밖에 냈던 거짓의 대부분은 추정컨대 무가치한 것들이었기에 거짓말로 간주될 수 없다는 말이다. 이 기준은 문제의 소지가 다분하다. 상대에게 무엇이 '이로울지' 내가 무슨 수로 철석같이 확신할 수 있단 말인가? 루소가 적용하는 기준은 이러했다. "모든 것을 미루어 보건대, 진실에 대한 나의 헌신은 실제 상황보다는 강직과 형평에 대한 느낌에 기반한다. 실제로 나는 참과 거짓의 추상적 개념보다 내 양심의 도덕적 명령을 더 선뜻 따랐다."[16] 바꿔 말하면, 루소의 양심이 거짓말이라고 말할 때만 거짓말인 것이다. 루소는 자기 양심만 무사하면 그만이라는 식이었다.

양심이 자기이해에 중요한 역할을 하기는 한다. 하지만

양심이 루소가 믿었던 것처럼 자기이해의 무오류 원천은 아니다. 잘못을 했으면 양심의 가책을 느끼는 것이 맞다. 하지만 양심의 가책이 없다고 잘못이 아닌 것은 아니다. 이런 양심 오류의 극단적인 예가 베트남전쟁 당시 미국 육군 소위였던 윌리엄 L. 캘리의 경우다. 캘리 소위는 1968년 3월 16일 남베트남 미라이에서 벌어진 미군의 민간인 학살 사건으로 유죄 판결을 받았다. 이날 미라이에서 미군은 90여 분 동안 173명의 어린이와 76명의 유아를 포함한 507명의 무고한 사람들을 살해했다. 학살에 가담한 군인들 중 캘리 혼자서만 102명을 죽였다. 당시 이들은 상부에 "128명의 적이 교전 중 사살됐다."고 보고했다. 이 보고는 날조였다. 첫째, 128명이 아닌 507명이 사망했다. 둘째, 피해자들은 전투 중에 죽은 것이 아니라 학살당했다. 셋째, 피해자들은 '적군' 할 때의 '적'이 아니라 평범한 민간인이었다.

캘리 본인의 눈에는 그저 훌륭한 군인에게 기대되는 일을 했을 뿐이었다. 그는 자신이 대량 학살로 기소된 것을 받아들일 수 없었다.

이해할 수 없었다. 그래도 계속 생각했다. 내가 뭘 잘못했다는 거지? 전쟁은 잘못이다. 살인은 잘못이다. 거기까지는 알겠다. 그럼에도 나는 전쟁에 나갔다. 나는 죽였다. 하지만 그건 다른 수많은 군인들도 마찬가지였다. 나는 그저 거기 앉아 있었을 뿐 갈피를 잡을 수 없었다. 나는 미라이의 사람들을 떠올렸다. 그 시체들. 그들에 대해서는 괴로운 마음이 없다. 나는 베트콩을 찾아냈고, 접전이 있었고, 몰살한 것뿐이다. 그게 그날의 임무였다. 그게 잘못일 리 없다고 생각했다. 잘못이었다면 자책감이 들었을 것이다.[17]

양심에는 자기 행동을 냉철하게 보는 시각이 수반돼야 한다. 양심 단독으로는 우리에게 진실이 아니라 기껏해야 트루시니스를 줄 뿐이다. 양심을 뜻하는 Conscience의 어원은 라틴어 Conscientia이고, 이는 그리스어 Syneidesis에 해당한다. 두 단어에는 공통점이 있다. 접두어 con—, syn—이 모두 '함께'라는 뜻이다. 이 단어들은 공동 지식, 자기 자신에 대한 지식을 암시한다. 양심의 문제는 나를 돌아보고 내 행동과 동기를 판단하는 문제다. 자기기만은 양심이 우리 행동을 인도하는 능력을 방해한다. 우리가 자신의 성격과 행동의 나쁜 면들을 외면하면, 도덕적으로 행동하고 잘못을 바로잡으려는 성향도 약해진다. 우리는 자신에게 자신에 대한 진실을 말할 도덕적 의무가 있다. 자신이 얼마나 나쁜지 인정하는 것은 많은 면에서 자기 파악의 시작이며, 조금씩 더 나은 사람이 되기 위한 기반을 닦는 일이다. 불행히도 우리는 실수를 거듭할 것이고, 그렇게 믿을 이유도 다분하다. 하지만 진실을 추구한다면 적어도 우리에게 도달할 목표가 생긴다. 루소의 양심처럼 작동하는 양심은 통찰을 제공할 능력도, 인생에서 저지른 실수를 바로잡을 능력도 없다. 그런 양심이 기껏 하는 일은 내 모든 것이 완벽히 정상이라는 최면을 거는 일뿐이다. 교정을 받아들이지 못하는 양심은 자기인식의 원천이 아니라 자기기만의 원천이다.

진실과의 유대가 루소처럼 느슨한 사람은 시간이 흐르면서 고독해질 가능성이 매우 높다. 아니나 다를까, 바로 고독이《고독한 산책자의 몽상》의 중심 테마다.

> 나는 이제 이 세상에서 내 자신 말고는 형제도, 이웃도, 친구도, 사회도 없는 외톨이가 되었다. 인간 중에 가장 사교적이고 가장 다정한 인간이 만장일치로 인간 사회에서 추방당한 것이다. 저들은 증오심을 갈고닦아서 나의 민감한 영혼을 가장 잔인하게 괴롭힐 고통을 찾았고, 나를 사람들에게 묶었던 모든 끈을 폭력적으로 끊어 버렸다.[18]

루소는 누구의 시선도 아닌 오직 자신만의 시선으로 자신의 성격이 정의되기를 원했다. 하지만 이처럼 외부인의 시선에서는 아무것도 배우려 들지 않는 특정한 성향이 그의 시선을 체계적으로 왜곡시켜 그를 자기 미화에 중독된 사람으로 만들었다.

비판적 자기 성찰의 주체가 자기 자신인 것은 맞다. 애덤 스미스가 '공평한 관객impartial spectator' 이론을 제시했다. 사람은 사회적 존재며, 스미스는 외로움에 대한 공포가 우리를 남들과 어울리도록 강제한다고 썼다. 수치심에 남들의 비판적 시선에서 벗어날 필요를 느낄 때조차도 우리는 남들의 곁을 떠나지 않는다.[19] 스미스는 고독하게 성장한 사람은 결코 자신을 알지 못하게 된다고 강조한다.[20] 고독 속에 사는 사람들은 자신을 오판하고, 자신이 행한 선행과 자신이 입은 피해를 과대평가하게 된다.[21] 우리에게는 타인의 시선이 필요하다. 하지만 가장 중요한 도덕적 시선은 역시 자신의 시선이다. 스미스에게 도덕성은 상상의 힘에, 즉 자신이 외부에서 어떻게 보이는지에 대한 개념에 기반한다. 우리는 이 기반에서 자신의 행동을 '공평한 관객'의 관점으로 평가한다.

'공평한 관객'은 큰 그림에서 볼 때 우리는 사소한 존재며 우주의 중심이 아니라고 가르친다. 공평한 관객의 관점은 우리의 이해관계도 타당하지만 남들의 이해관계 역시 타당하다는 것을 보여 준다. 이 관점은 우리가 남들의 이해에도 부응하려 노력할 것을 요구한다. 스미스에 따르면, 사익

증진에 힘쓸 때조차 우리는 점점 더 나은 사람이 되는 방향으로 나아가야 한다. 다시 말해 남들에게 좋게 보일 뿐 아니라 정말로 좋은 사람이 되어야 한다. 단지 '사랑받는' 사람이 아니라, 사랑받을 가치가 있는 '사랑스러운' 사람이 되어야 한다.[22]

그렇지만 스미스도 지적했듯 자신을 나쁘게 보면 마음이 몹시 불편하다. 그래서 우리는 자신에 대해 부정적 판단을 내릴 것을 종용하는 상황을 기피하게 된다. 스미스는 이렇게 말한다. "자기기만은 인류의 치명적 약점이다. 인간 삶에 일어나는 혼란의 절반은 이 자기기만에서 비롯된다. 만약 우리가 남들의 시선에서 자신을 본다면, 다시 말해 자초지종을 모두 아는 타인이 우리를 보는 시선으로 우리 자신을 바라본다면, 우리에게 개심改心이 일어나지 않을 수 없다. 마음을 바꾸지 않으면 그런 시선을 견딜 수 없을 테니까."[23]

자기 표현과 자기기만

타인에게는 물론이고 자기에게도 '패를 까기'란 쉽지 않다. 그노티 세아우톤(Γνῶθι σεαυτόν, 너 자신을 알라). 고대 그리스 델포이의 아폴론 신전 입구에 새겨져 있던 말이다. 우리는 자기이해를 자신에 대한 도리로 생각한다. 그렇지만 자기이해는 그렇게 쉽게 얻어지지 않는다. 우리는 모두 사기꾼이다. 남들에게만 아니라 자신에게도 사기를 친다. 또한 자신이 실제 동기들보다 도덕적으로 우월한 동기들로 움직인다고 믿는다. 사실 우리는 전적으로 정직해야 할 대상이 자기 자신일 때 그 어느 때보다 더 능란하게 거짓말을 한다. 결국 우리는 자기 거짓말들을 믿기 시작하고, 그것들이 사실은 거짓말이란 것을 알지 못하게 되고, 급기야 이야기들이 좌충우돌 꼬이기 시작한다. 이것이 우리가 아는 사람을 엉뚱한 데서 맞닥뜨렸을 때 당황하는 이유다. 내가 나에 대해 만든 다양한 이야기 조각들을 딱딱 끼워 맞추기가 난감해지기 때문이다. 그러나 이런 상황에서도 우리는 자기기만을 이어 나간다. 우리 정체가 발각되지 않기를 바라면서. 남들에게도, 나 자신에게도.

타인에게 솔직하기가 자신에게 솔직하기보다 더 쉬울 수 있다. 하지만 자신에게 진실하지 못한 사람이 남들에게 진실할 수 있을까? 내가 남들에게 진실해야 그들도 나를 믿을 수 있듯, 내가 나를 진실하게 대해야 내가 나를 믿을 수 있다. 내가 나를 믿을 수 없다면 남들도 나를 믿을 수 없다.

우리는 항상 자기 이미지를 관리한다. T. S. 엘리엇의 시 〈J. 알프레드 프루프록의 연가The Love Song of J. Alfred Prufrock〉에 이런 말이 나온다. "당신이 만나는 얼굴들을 만

나기 위한 얼굴을 준비하라."[24] 우리는 주어진 상황에서 남들에게 어떻게 인식되고 싶은지에 따라 거기에 맞는 옷을 입는다. 사회적 존재로서 우리는 서로 역할극을 하는 동시에, 자신이 해당 역할을 정확하게 수행하고 게임의 규범을 잘 준수하고 있는지 자신을 감시한다. 캐나다 사회학자 어빙 고프먼(Erving Goffman, 1922~1982)은 여기서 한발 더 나아가 결국 자아란 사회적 상호작용이라는 연극에서 타인이라는 관객을 앞에 두고 공연된 역할들의 집합일 뿐이라고 주장했다.[25] 자아에 대한 고프먼의 이런 사회적 환원주의 관점에 전적으로 동의할 필요는 없다. 하지만 그가 중요한 것을 포착한 것은 분명하다. 우리는 각자 나름대로 자신의 역할들을 창조할 뿐 아니라 직접 배우가 되어 남들 앞에서 그 역할들을 공연한다.

칸트도 이런 상황적 자아에 긍정적이다. 그는 이렇게 상황별 연기를 함으로써 좋은 습관들을 형성하고, 결국에는 그 습관들이 덕성의 일부가 된다고 본다.

인간은 너나없이 배우다. 인간은 문명화될수록 더 배우가 된다. 그렇다고 속이는 것은 아니다. 우리는 아무도 속이는 일 없이 타인에 대한 애정과 존중, 겸손, 무관심을 연기할 수 있다. 대개는 남들도 그것이 진심이 아님을 이해하기 때문이다. 세상에서 이런 일이 일어나는 것은 매우 바람직하다. 사람들이 이런 역할들을 부단히 수행하면, 시간이 오래 흐르면서 단지 겉모습에 불과했던 것에서 점차 진짜 미덕이 발현해 마음가짐으로 바뀌기 때문이다.[26]

이런 역할 수행은 타인을 속이는 행위에 해당하지 않으며, 이를 통해 결과적으로 우리는 더 나은 사람이 될 수 있다. 그와 동시에 우리는 자신을 너무 높이 평가하지 않도록 조심해야 한다. 우리에게 명백히 자화자찬 성향이 있기 때문에 더 그렇다.

여기서 문제는 우리가 대외용으로, 즉 남들에게 말할 용도로 자기 이야기를 만들 때다. 이때 우리는 진실을 다소 윤색하거나, 자랑스럽지 않은 요소들은 들어내고 다른 요소들을 부풀리거나, 심지어 일어나지 않은 일을 지어내고 싶은 마음이 든다. 우리 인간은 너나없이 자기 이야기를 만드는 데 능하고, 인간 소통에서 서사 창출은 불가피하다. 정체성을 갖는다는 것은 무엇보다 자기 삶에 대한 개념을 갖는 것이다. 이 개념은 과거와 미래가 현재에 의미를 부여하는 이야기 형태를 취한다.[27] 우리의 이야기는 우리 경험들을 의미 있는 에피소드들로 정리하고, 그것들을 연결시켜 하나의 전체를 형성한다. 다시 말해 우리는 이런 방식으로 자신의 삶에 의미를 부여하고 자신을 이해한다. 그리고 같은 방식으로, 즉 사람들의 배경을 그들이 선택하는 행동, 그들의 미래 계획, 그들에게 일어나는 일, 무엇보다 그들이 남들과 맺은 관계들에 연결함으로써 사람들을, 즉 다른 이야기에 있는 사람들을, 이해한다. 자신에 대한 이야기를 하는 것은 곧 자신이 되는 일이다.

문제는 우리가 딱히 진실한 서술자가 아니라는 것이다. 우리에게는 자기가 한 좋은 일은 과장하고 나쁜 일은 최소화하는 경향이 있다. 우리는 부정적인 행동은 시간의 먼 후방으로 옮기고, 좋은 행동은 현재에 더 가깝게 배치한다. 나에 대해 말할 때 대체로 나는 나쁜 일들은 피해 가고 좋은 일들에는 붙어 있으려 한다. 또한 내 행동에 실제보다 더 좋은 동기를 부여한다. 이런 변위가 체계적으로 일어나 나를 실제보다 더 멋진 모습으로 연출한다. 이는 부정적인 것들이 모두 제거되어서가 아니다. 내 기억들이 일종의 미화 필터를 통과했기 때문이다. 이 점을 인지하면 이런 자동 편집을 어느 정도 제어할 수 있다. 때로 우리는 남들에게 실감 나게 거짓말하다가 스스로 그 거짓말을 믿어 버린다. 자칫하면 이런 거짓말이 모든 것을 아우르는 인생 거짓말이 될 수 있다. 프랑스 작가 라로슈푸코(François de la Rochefoucauld, 1613~1680)가 이런 말을 남겼다. "우리는 남들로부터 위장하는 데 이골이 나서 나중에는 자신으로부터도 위장한다."[28]

　나는 내가 기억력이 좋은 편이라고 생각한다. 때로는 기억력이 너무 좋아서 없었던 일들까지 기억하는 건 아닐까 생각한다. 그런 기억이 극적인 것일 때는 거의 없다. 그저 내가 내 자신이나 남들에게 여러 번 말했던 작은 것들, 말할 때마다 조금씩 바뀌는 것들이다. 그러다 나중에는 이야기에 앞뒤가 맞지 않는 부분이 생겨 버린다. 왜 그렇게 됐는지 딱 꼬집어 말할 순 없는데 나는 분명히 그렇게 기억한다는 게 문제다. 안타깝게도 내게는 기억과 대조할 영상 기록이 없다. 그 자리에 있던 사람에게 물어볼 수밖에 없는데, 문제는 그들의 기억 역시 똑같은 오류 가능성을 안고 있다는 것이다.

　거짓 기억을 만드는 것은 비교적 쉽다. 피험자들에게 그들이 보았을 리 없는 허구의 사건들에 대해 설명해 달라고 요청한 실험이 있었다. 그러자 피험자들의 절반이 그 사건들에 대한 '기억'을 떠올렸다.[29] 피험자들은 그 사건들이 실험을 위해 임의로 지어낸 것이며, 따라서 실제로 일어난 적이 없다는 것을 알고 있었다. 그럼에도 그들은 그 사건들을 '기억해 냈다.' 실험 환경이 아닌 일상생활에서는 이런 경향, 즉 기억하는 것을 실제로 일어났다고 믿는 경향이 자연히 더 강하게 일어난다.

자신이 거짓말한다는 것을 온전히 인지한 상태에서 거짓말을 하면, 사실상 자기 말이 사실이라고 믿는 경향이 더 강해진다.[30] 이는 남에게 말하지 않고 그저 거짓말을 떠올리기만 할 때보다 확실히 더 강한 효과를 낸다. 거짓말을 하는 행동은 남들에게 사실이 아닌 것을 사실로 믿게 설득하는 데 그치지 않는다. 어느 정도는 자기 자신까지 설득하는 결과를 낸다. 이는 두말할 것 없이 자기기만의 원인이 된다.

우리는 남들에게 자신에 대해 거짓말하는 것을 경계해야 한다. 이유는 간단하다. 자칫하면 그것을 자신도 믿어 버리기 때문이다. 물론 자신을 합리적 판단보다 더 멋지고 대단하게 인식하는 것이 인생을 헤쳐 나가는 데 도움이 될 수 있다. 하지만 현실은 언젠가 우리를 따라잡고야 마는 슬픈 경향이 있다. 마지막까지 자기기만을 수행하는 데 성공한다 해도, 그것은 끝내 자신을 제대로 알 기회를 갖지 못한 채 무덤에 들어가는 것을 뜻한다. 이는 매우 슬픈 결말이다.

4장.
거짓말과 우정

우리에게는 본인에 대해 믿기 힘든 말들을 떠벌이는 친구나 지인이 한 명쯤은 있다. 그들에게는 기이한 경험담이 끊이지 않는다. 우리는 처음에는 그들의 말을 믿다가 나중에는 그들의 이야기가 앞뒤가 맞지 않는다는 것을 깨닫는다. 나는 대개 이런 이야기들을 대수롭지 않게 넘기거나 일종의 여흥으로 여긴다. 문제는 세월이 흐르면서 거짓말이 쌓인다는 것이다. 또한 허풍선이가 나에게만 허풍을 떨 리 만무하다. 그는 다른 지인에게 다른 허황된 말들을 늘어놓고, 그러다 거짓말들의 행방을 놓치고 만다. 거짓말들이 엉망으로 꼬여 버린다. 이런 거짓말들은 대개 악의 없고 무해하지만, 거짓말하는 사람에 대한 내 존중심을 잠식한다. 더구나 그런 사람과 가까이해 봤자 내가 실제로 알게 되는 것은 상대방이 아니라 상대방이 지어낸 재미있는 이야기뿐이다. 우정은 서로에 대한 부단한 설명과 해석에 달려 있으며, 이를 통해 서로를 깊이 알아 가는 관계다. 거짓말쟁이는 이 과정을 훼손한다. 따라서 거짓말은 우정이라는 계약에 대한 일종의 위반 행위다.

어빙 고프먼은 "내가 사기꾼을 상대해 왔다는 것을 깨닫는 것은, 상대에게 그가 연기해 온 역할을 연기할 자격이 없다는 것을 발견하는 것과 같다."고 했다.[1] 또한 고프먼은 사기꾼의 연기가 훌륭할수록 우리의 분노가 커진다고 말한다.

그것은 우리가 역할 수행의 자격과 능력 사이에 존재한다고 추정하는 연관성을 허물기 때문이다. 간단히 말해 거짓말은 상대가 내보이는 모습이 곧 그 사람의 본 모습일 거라는 믿음을 깬다. 상대가 연기한 역할이 내 친구 역할이었을 때 우리는 특히 더 화가 난다.

아리스토텔레스에게 우정은 좋은 삶의 필수 요소다. 그는 남부러울 것 없이 모든 것을 가진다 해도 우정 없는 삶을 선택할 사람은 없을 거라고 말한다.[2] 하지만 우정은 쉽게 얻어지지 않는다. 우정은 전적으로 상호 신뢰에 달려 있다. 남들을 믿지 않는 사람이나 남들에게 믿음을 얻지 못하는 사람에게는 우정이 불가능하다.[3] 우리는 우리 친구들을 믿어야 한다. 물론 모든 면에서는 아니다. 예를 들어 내 친구가 내게 정직할 거라고 믿는 것과 내 친구가 간단한 수술 한 번으로 내 두통을 없애 줄 기적의 신경외과의사라고 믿는 것은 별개의 문제다. 그런 면에서 신뢰는 항상 조건부다. 하지만 신뢰가 우정에 필수라는 점에는 변함이 없다. 친구에 대한 근본적인 불신은 우정 규범의 위반이다. 따라서 라로슈푸코의 말처럼 "친구에게 속는 것보다 친구를 불신하는 것이 더 수치스럽다."[4] 불신은 내가 진정한 친구가 아니라는 징후고, 내가 진정한 친구가 아니라면 어쩌면 나는 속임을 당해도 할 말이 없다. "나의 불신은 타인의 기만을 정당화한다."[5]

칸트도 우정은 두 사람이 서로에게 생각, 비밀, 감정을 드러내는 데 있어 둘 사이에 존재하는 절대적 신뢰에 기반한다고 말한다.[6] 우정이 진짜 우정이려면 서로에게 숨기는 것이 없어야 한다.[7] 나만 친구에게 마음을 열어서는 소용없고, 친구도 내게 마음을 터놓아야 한다. 우리는 모두에게 내보이기 껄끄러운 것조차 내보일 수 있고, 또 내게도 그렇게 해 줄 사람들이 필요하다.[8] 이런 관계는 우리가 오직 한 사람, 혹은 극소수의 사람들과만 나눌 수 있는 매우 특별한 관계다.[9] 칸트는 친구가 없으면 사람은 완전히 고립된 존재라고 말한다.[10] 친구가 있어도 그 친구가 자기에 대해 거짓말을 일삼는 사람이면 우리는 고립된 신세를 면할 수 없다. 단지 환상에 매여 있을 뿐이기 때문이다. 그리고 그 환상에 사로잡혀 있는 한 우리는 자신의 고립을 깨닫지 못한다.

칸트가 비밀 공유의 중요성을 과장한다고 느껴질 수도 있다. 나로 말하자면 친구들과 그렇게까지 많은 비밀을 공유하지 않는다. 이유는 별것 없다. 내게는 비밀이 그렇게까지 많지 않기 때문이다. 일단은 비밀이 있어야 공유할 게 아닌가. 우정의 비밀 유지 임무는 진실과 관련해 또 다른 문제를 야기한다. 비밀은 발설하지 않는다는 조건으로 공유된다. 만약 비밀을 발설하는 것과 타인에게 거짓말하는 것 중 하나를 선택해야 하는 상황에 처한다면 어떤 선택을 해야 할까?

이 경우 우리는 의무의 충돌을 경험하게 된다. 나는 이 문제에서 일반적이고 만족스러운 답은 없다고 본다. 다만 대개는 아예 대답을 하지 않거나 얼버무리는 방법으로 문제를 피할 수 있지 않을까. 나의 법정 증언이 중범죄를 막거나 범죄 사실을 밝힐 수 있는 특별한 상황이라면 진실이 우정보다 앞서야겠지만 다른 대부분의 경우에는, 특히 전적으로 사적인 문제라면 나는 아마도 친구의 입장을 우선시할 것이다.

친구가 되기 위해 반드시 가장 내밀한 비밀까지 속속들이 나눌 필요는 없다. 그런 비밀들은 대개 내게만 관계된 것들이다. 하지만 내가 세상과 공유하는 것보다는 더 많은 것을 공유해야 친구인 것은 맞다. 소수의 사람들과 긴밀한 유대를 형성한다는 것은 결국 다수의 사람들과 거리를 둔다는 뜻이다. 우리는 우리의 다양한 면들을 드러내고, 남들이 다양한 경로로 우리에게 접근하게 허용함으로써 대인관계를 형성한다. 우리에게는 자신만의 비밀로 지키고 싶은 것들이 있다. 겉치레에 구속받지 않고 자기를 표출할 수 있는 환경에서 가족이나 친구와만 나누고 싶은 것들도 있다. 반대로 세상 사람들과 널리 공유하고 싶은 것들도 있다. 상대가 나와 공유하는 것이 다른 모두와 공유하는 것보다 적거나 딱 그 정도라면, 그런 사람과는 친구라고 할 수 없다. 그런 사람은 친구가 아니라 그저 아는 사람일 뿐이다. 나와 그 사람 사이에 특별한 연결고리가 없기 때문이다. 물론 그냥 '지인'으로 남는다고 문제될 것은 전혀 없다. 내게도 내가 소중히 여기는 지인들이 많다. 하지만 지인관계는 다른 종류의 관계다. 진정한 친구관계보다 거리감은 더 있고 구속력은 덜하다. 만약 어느 지인의 본모습이 그동안 그가 보였던 모습과 전혀 다른 것으로 드러난다 해도, 그 사람에 대한 내 견해는 바뀔지언정 심한 배신감에 휩싸이지는 않을 것이다. 하지만 친구라면 얘기가 달라진다. 그동안 우정이라는 허울을 쓰고 있었을 뿐, 우리는 서로에 대해 제대로 아는 것이 없었다는 뜻이 된다. 이는 네덜란드 화가 얀 페르메이르의 이름난 그림이 알고 보니 희대의 위작 작가 메이헤런의 사기로 밝혀진 것과 비슷하다. 직설적으로 말해서 그런 사람은 친구라기보다 나를 속여 내 삶에 침투한 사기꾼이다.

삶 전체가 거짓말이라서 심지어 친구와 가족조차 그 정체를 알지 못했던 사람들의 예는 허구의 세계와 현실 세계 모두에 차고 넘친다. 미국 TV 시리즈 〈매드 멘Mad Men〉의 주인공 돈 드레이퍼는 젊은 시절 한국전쟁에서 함께 싸우다 전사한 장교의 신분을 도용하고, 그것을 이용해 새로운 인생을 산다. 하지만 자기 것이 아닌 정체성을 유지하는 것은 쉽지 않다. 이런 거짓말은 지속적인 유지관리가 요구된다. 현실이 받쳐 주지 않기 때문이다. 또한 기존의 거짓말을 부지하기 위해서는 계속 새로운 거짓말들로 보완해야 한다. 드레이퍼처럼 복잡하게 얽힌 기만의 그물망 위에 사는 것은 엄청난 부담이다. 그런 부담을 오래 지탱하기는 거의 불가능하다. 현실 세계에서 비슷한 예를 들자면 1990년대에 프랑스를 떠들썩하게 했던 장클로드 로망이 있다.

그의 비극은 의사 면허 시험에 합격했다는 상대적으로 작은 거짓말로 시작됐다. 이후 18년 동안 이 거짓말은 그의 인생 전체를 뒤덮은 거대한 사기로 불어났다. 가족과 친구들에게 그는 면허를 갖춘 의사이자 세계보건기구의 연구원이었다.[11] 로망은 매일 출근하는 척하고 집을 나와 대부분의 시간을 그저 빈둥대며 보냈다. 때로 출장 간다고 말하고 공항 근처의 호텔에서 며칠씩 지내다 돌아오곤 했다. 그는 재정 문제 해결을 위해서도 많은 거짓말을 했다. 일례로 친척들에게 투자를 돕겠다며 돈을 받아 내서 생활비로 썼다. 심지어 그에게는 내연녀도 있었다. 그러던 1993년 1월 9일, 거짓말이 들통날 지경에 이르자 로망은 아내를 밀방망이로 때려죽이고, 자녀들은 잠들었을 때 머리에 총을 쏘아 죽였다. 다음에는 부모의 집으로 가서 부모와 개를 쏘았다. 다음에는 내연녀를 불러내 얼굴에 최루가스를 뿌리고 끈으로 목을 졸라 살해하려다가 실패했다. 이 끔찍한 학살극은 그의 엉성하기 짝이 없는 자살 시도로 끝이 났다. 그는 26년을 복역

한 후 2019년에 석방됐다.

거짓말을 한 후 이 거짓말을 덮기 위해 끝없이 새로운 거짓말을 추가하는 사람들이 있다. 이렇게 거짓말에 거짓말을 보태다가 거짓말이 산더미처럼 불어나서 결국에는 그 거짓말을 밝히는 데 따를 비용이 도저히 감당 못 할 수준이 될 수 있다. 이런 고질적 거짓말쟁이의 경우 거짓말의 베일이 벗겨지면 그 사람의 사회적 정체성에서 뭐가 남을까? 그들이 누구와도 공유하지 않았던 사적인 정체성은 여전히 남겠지만, 그들의 사회적 정체성은 완전히 파괴되고 만다. 거짓말쟁이로 사는 것의 최대 난제는 단지 이중 정체성을 가지고 살아야 한다는 데 있지 않다. 두 가지 정체성을 명확히 떼어 놓아야 한다는 데 있다. 둘은 공존할 수 없기 때문이다.

우리 모두에게는 대중에게 거의 공개되지 않는 사적 정체성이 있다. 자기 생각을 소셜미디어 따위에 공유하는 데 전혀 거리낌이 없어 보이는 사람들이라고 예외는 아니다. 우리 대부분은 사적 정체성으로 남겨 둔 것이 공개되는 것에 불편함을 느낀다. 하지만 그렇게 된다 해서 나의 사회적 정체성이 드레이퍼나 로망의 경우처럼 완전히 와해되진 않는다. 나의 사회적 외장에 흠집이 날 수는 있겠지만, 내가 누군지에 대한 남들의 일반적 인식에서 완전히 벗어나는 일은 별로 없다. 내가 대중과 공유하지 않는 이 사적 정체성에 대한 접근을 친구에게는 허용하는 것. 이것이 우정의 핵심이다. 상습적 거짓말쟁이는 자신의 사적 정체성을 기필코 숨겨야 하기 때문에 어떤 친구도 가질 수 없다. 그의 친구라고 생각하는 사람들이 있을지 몰라도 그것은 착각일 뿐이다.

우리가 자신에 대해 만들어 내는 이야기들은 늘 변한다. 20세 때의 내가 어땠는지에 대해 지금 50세의 나는 30세 때와는 다른 이야기를 할 것이다. 20세의 내 모습이 50세의 눈으로 볼 때와 30세의 눈으로 봤을 때 같을 리가 없다. 내가 무엇을 공부했고, 내 여자친구가 누구였고, 내가 어디에 살았는지 같은 기본 사실들은 변함없겠지만, 내가 가장 중요하게 꼽는 사건들은 달라질 수 있고, 내가 그 사건들을 연결하는 방식도 달라질 수 있다. 50세와 30세의 이야기는 다르겠지만, 그중 어느 것도 거짓말은 아니다. 내가 이야기에서 빼먹거나 과장하는 부분이 있다면 내 친구가 그것을 지적하고 고쳐 줄 수 있다. 하지만 친구는 여전히 그 이야기를 내 이야기로 인식한다. 친구의 역할은, 다른 무엇보다도, 내 이야기가 현실을 놓칠 때 나를 바로잡아 주는 것이다.

친구가 스스로의 거짓말을 믿는 사람이라면 어떨까? 예컨대 내 친구는 자식들과 연락이 끊긴 아버지다. 그는 자신이 자식들을 위해 모든 것을 희생하며 항상 최선을 다했건만 자식들이 배은망덕하기 짝이 없다고 불평한다. 이것이 그가 자신에게 늘 하는 이야기다. 그는 스스로에게 이 이야기를 너무 자주 들어서 이제 그 이야기를 사실로 믿는다. 문제는 나는 그것이 사실이 아님을 뻔히 안다는 것이다. 내 친구가 자식을 학대하는 아버지는 아니었다. 하지만 그는 가족보다 늘 자신과 자신의 커리어를 우선시했고, 집에 붙어 있던 적이 워낙 드물어서 아이들이 아버지 얼굴을 까먹을 정도였다. 가족 문제만이 아니다. 매사 같은 이야기의 반복이다. 일이 원하는 대로 되지 않으면 언제나 불공평하다고 했고 남의 탓으로 돌렸다. 일이 틀어진 것이 자신의 부족함 탓이거나 자신의 책임이었던 적은 한 번도 없다. 외부인의 객관적 관점에서 일이 틀어진 주된 책임이 명백히 그에게 있을 때도 마찬가지였다. 만약 그가 자기 말을 모두 믿는다면 그가 내게 거짓말한다고 할 수는 없다. 하지만 그는 여전히 어떤 면에서는 거짓말쟁이다. 그가 자신에게 거짓말을 하고 있으니까. 이런 사람과는 친구관계를 유지하는 데 조심스러울 수밖에 없다. 그가 우정의 규준을 어겨서가 아니다. 그의 말이 진실은 아니지만 그가 자기 말을 믿는 이상 내게 거짓말한다고 보기는 어렵다. 그럼에도 그는 자신에게 능숙하게 거짓말하는 사람이고, 따라서 나는 그를 믿을 수 없다. 자기 자신을 속이는 사람을 어떻게 믿겠는가? 물론 내가 좋은 친구라면 그의 자기이해를 조금씩이라도 바로잡아

주고, 그가 자기 인생에 책임을 지도록 도와야 한다. 우리에게 우리에 대한 진실을, 심지어 그 진실이 불편한 것이라 해도, 말해 주는 것이 친구의 중요한 역할이다. 라로슈푸코가 말했다. "우정에서 가장 힘든 일은 친구에게 내 잘못을 밝히는 것이 아니라 친구가 그의 잘못을 보게 하는 것이다."[12]

대형 전신거울을 사러 간다고 가정하자. 둘 중에 하나를 골라야 한다. 첫 번째 거울은 남들에게 보이는 대로의 내 모습을 보여 준다. 두 번째 거울은 최첨단이다. 나를 찍어서 이미지 편집 프로그램으로 주름살을 펴고, 들어갈 데 들어가고 나올 데 나오게 하고, 살을 더하거나 빼고, 그 밖에 수많은 미세 보정을 가해서 결과적으로 몰라보게 멋져진 내 모습을 보여 준다. 여러분은 둘 중 어떤 거울을 벽에 붙이고 싶은가? 세상을 마주하러 문을 나서기 전에 미화하는 거울로 나를 볼 것인가, 아니면 현실적인 거울로 나를 볼 것인가? 같은 이치가 친구에게도 적용된다. 내 귀에 듣기 좋은 말만 하는 친구를 원하는가, 아니면 나를 정말로 어떻게 생각하는지 말해 주는 친구를 원하는가? 전자의 편안한 환상을 선택하는 것은 현실과의 단절을 선택하는 것이다.

미국 철학자 로버트 노직(Robert Nozick, 1938~2002)이 철학적 사고실험을 한 가지 제시했다. 그는 이 사고실험을 경험기계로 불렀다. 이 기계에 나를 연결하면 평생 원하는 것을 무엇이든 경험할 수 있다. 아무 말썽 없는 멋진 가족과 끝내주는 친구들에 둘러싸여 살고, 윔블던에서 모두를 이기고, UEFA 챔피언스리그에서 우승하고, 각종 정치 현안을 척척 해결하고, 빈곤과 환경오염을 과거지사로 만들고, 철학사에 신기원을 이루는 저서를 쓰고, 내친 김에 노벨상을 종류별로 다 받는 삶을 살 수 있다. 물론 이 모든 것은 하나의 거대한 환상이다. 하지만 나는 그것을 현실로 느낀다. 거기서 경험하는 행복감은 실제와 다름없다. 여기서 질문이 나간다. 이런 기계가 있다면 거기에 나를 연결하겠는가? 만약 고려 사항이 쾌락뿐이라면 기계에 들어가지 않는 것이 비이성적이다. 모든 것이 전적으로 실제와 같고, 나는 내게 지극히 만족스러울 것이다. 한마디로 나는 거기서 더없이 행복할 수 있다. 반면 만약 내가 기계 연결을 거부한다면, 그것은 내가 삶에는 쾌락보다 더 중요한 것들이 있으며, 현실의 관계들과 성취들을 환상의 그것들보다 가치 있게 본다는 뜻이다. 이 질문을 받는 사람들의 대다수가 실제로 그런 기계에 들어갈 생각이 없다고 답한다.

하지만 앞서 보았듯 우리에게는 자기 삶에 대해 사적인 환상들을 만들어 내는 강한 경향이 있고, 그로 인해 우리의 자기인식이 현실과 점점 더 유리된다. 다시 말해 우리는 이미 자기만의 경험기계들을 만들고 있다. 그 안에서 사는 것이 더 편하기 때문이다. 이때 친구가 해 줄 일은 우리를 기계의 품에서 떼어 내 다시 현실과 연을 이어 주는 것이고, 우리는 거기에 감사해야 한다. 그런데 실상은 그렇지 못하다. 라로슈푸코가 말한다. "입에 발린 칭찬보다 유용한 비판을 선호할 만큼 현명한 사람은 매우 드물다."[13] 미흡하다는 평을 듣는 것이 아무리 괴로워도 우리는 현명해질 필요가 있다.

내 인생에 정직한 사람들이 있는 것은 좋은 일이다. 그런데 그들이 정직하다는 것을 어떻게 알 수 있을까? 무엇도 확신할 수는 없지만 확신을 느낄 수는 있다. 이 확신감의 한 가지 근거는 그들이 과거에 보여 준 정직성이다. 예컨대 그들은 거짓말이 더 쉽고 편할 상황에서 진실을 말한 전적이 있다. 정직한 사람들은 내가 실수하거나 잘못했을 때, 다시 말해 내가 나답지 않았다고 생각될 때 내게 그렇게 말해 준다. 나도 그들이 그렇게 해 줄 것을 안다. 같은 맥락에서 나는 그들이 반대로 나를 칭찬할 때 그 말이 빈말이 아니란 것을 믿을 수 있다. 그들은 내가 인생에서 방향을 잃지 않게 돕는 부표들이다.

친구로서 우리에게는 진실할 의무가 있다. 우리가 대체로 진실해야 하기 때문만은 아니다. 우정 자체가 특정 유형의 진정성을 요구하기 때문이다. 친구가 나쁜 선택을 하고 있거나 나쁜 습관에 빠지고 있을 때 그렇다고 말해 주는 것이 친구의 일이다. 그렇다고 친구들에게 끝없이 내 기호와 선호를 강요하라는 말은 아니다. 그런 사람은 자기만 잘난 진상이고, 그런 사람과 친구가 되고 싶을 사람은 없다. 그렇다고 친구가 하는 것에 가리지 않고 찬동하는 사람도 친구로서 모자란 사람이다. 우리에게는 나를 잘 알고 내가 잘되기를 바라는 사람의 비판적 의견이 필요하다. 진정한 우정이란 근본적으로 상호 호의에 기반해야 한다.

친구 사이에 대한 냉소적인 견해들이 많다. 영국 가수 모리세이는 〈우리는 친구의 성공이 싫어We Hate It When Our Friends Become Successful〉라고 노래한다. 미국 작가 고어 비달은 "친구가 성공할 때마다 내 안의 작은 무언가가 죽는다."는 유명한 말을 남겼다. 정말 그렇다면 그런 우정은 우정이라고 할 수 없다. 진정한 친구가 나를 비판할 때 나는 그것이 선의의 비판이란 것을 안다. 기분 나쁘고 수긍이 가지 않을 수도 있지만 친구의 비판은 진지하게 받아들일 필요가 있다. 친구들에게 칭찬만 받는 사람은 친구가 없는 사람이다.

거짓말을 일삼으면서 친구가 많기를 기대할 수 없다. 플라톤이 다음과 같이 말했다.

모든 선한 것들 중에서 진리가 신계와 인간계를 통틀어 최고의 자리를 차지한다. 지복과 행복을 알고자 하는 사람을 위해서 나는 그가 처음부터 그것을 부여받아 그만큼 더 오래 참된 사람으로 살기를 기도한다. 그런 사람은 믿음직하다. 반면 의식적으로 기만을 즐기는 사람은 믿을 수 없는 사람이고, 무의식적으로 기만을 즐기는 사람은 바보다. 어느 쪽도 부러움의 대상이 될 수 없다. 확언컨대 배신자와 바보는 친구가 없는 사람이다. 시간이 흐르면서 그의 정체가 드러나고, 그는 인생의 끝에서 노년의 시름 속에 지독한 외로움을 맞을 준비를 한다. 그때 친구와 자녀들이 살아 있든 없든 그의 곁에는 아무도 남아 있지 않을 것이다.[14]

거짓말쟁이는 고독할 수밖에 없다는 플라톤의 견해는 맞는 말이다. 우선, 사람들은 누군가를 거짓말쟁이로 감지하면 그 사람을 기피한다. 사람들은 믿음이 가는 사람들로 주위를 채우고자 한다. 거짓말하는 사람은 믿을 수 없다. 둘째, 거짓말쟁이도 자신을 남들로부터 차단한다. 남들에게 자신의 내적 자아를 숨겨야 하기 때문이다.

5장.
거짓말의 정치

거짓말과 정치를 논할 때 내가 주요하게 고려하는 것은 정치에서 일어나는 거짓말의 규모와 범위가 아니다. 그보다는 정치에서 거짓말이 허용되는지와 만약 허용된다면 언제 허용되는지에 대한 규범적 질문에 집중한다.

노르웨이 전 총리 페르 보르텐(Per Borten, 1913~2005)은 의회 연설 중에 총리에게는 때로 거짓말할 권리뿐 아니라 의무가 있다고 했다. 정치인들의 경우 일반인들과 다른 준칙을 가지며 정치에서는 때로 거짓말이 필요한 걸까? 그렇게 보일 수도 있다. 정치적 결정은 우리가 개인으로서 내리는 결정보다 훨씬 큰 결과를 야기한다. 따라서 거짓말이 옹호될 수 있는지에 대해서도 훨씬 많은 고려가 따라야 한다. 우리의 일반 도덕 준칙은 거짓말에 대해 부정적이다. 우리의 정치적 책임이 이런 일반 준칙을 위반할 것을 요구할 수도 있을까?

정치적 거짓말에 대한 관점은 크게 세 가지로 나뉜다.

1. 거짓말은 어느 경우에도, 심지어 정치에서도 정당성이 없다.
2. 정직이 더 바람직하지만, 자신 또는 국가에 이롭다면 거짓말을 해야 한다.
3. 거짓말은 잘못이지만, 정치에서는 때로 필요하다.

칸트가 명실공히 첫 번째 관점의 대표주자다. 두 번째 관점의 거두는 의심의 여지없이 마키아벨리(Niccolò Machiavelli, 1469~1527)다. 고대 그리스 철학자 플라톤도 두 번째 관점을 대변한다고 할 수 있다. 다만 좀 더 제한된 의미에서 그렇다. 즉 마키아벨리의 거짓말 면책 근거가 훨씬 자기 본위인 반면, 플라톤은 국가와 공익을 위한 최선의 결정일 때만 거짓말이 허용된다고 본다. 세 번째는 독일 사회학자 막스 베버(Max Weber, 1864~1920)의 관점이다.

칸트는 이미 앞에서 자세히 다루었으므로 여기서 그의 주장들을 반복하지는 않겠다. 어떠한 경우에도 거짓말은 용인될 수 없다는 칸트의 견지는 일반 시민만큼이나 현직 정치인에게도 유효하다. 정치적 선택의 결과가 파급력이 더 큰 것은 사실이지만, 옳고 그름의 결정 요인은 행위의 결과가 아니라 행위의 유형이라는 칸트의 윤리 분석이 이 경우에도 동일하게 적용된다.

정치권의 거짓말에 대한 최초의 철학적 해설로 언급되는 텍스트가 플라톤의 《국가》다. 《국가》에서 플라톤은 국가가 시민에게 사회계급이 어떻게 생겨났는지에 대해 사실이 아닌 이야기를 해도 무방하다면서, 그것이 시민의 "국가에 대한, 그리고 서로에 대한 애착을 강화하기 때문"이라고 했다.[1] 플라톤의 텍스트에서 그리스어 겐나이온 프세우도스 γενναῖον ψεῦδος를 어떻게 번역해야 할지에 대해 의견이 분분한데, 가장 흔한 해석은 '고귀한 거짓말', '고귀한 신화', '고귀한 픽션', '고귀한 허위' 등이다.

플라톤이 진리를 각별히 강조한 인물이었다는 점을 고려할 때 그가 정치적 거짓말의 사용을 옹호한 점은 꽤나 흥미롭다. 사실 플라톤이 옹호하는 것은 거짓말 자체보다 거짓말하는 주체인 듯하다. 그는 지혜 있는 사람들은 지혜가 부족한 사람들에게 정당하게 거짓말할 수 있으며 그럴 때가 언제인지도 그들의 판단에 달려 있다고 말한다. 플라톤은 이렇게 썼다. "그럼에도 우리는 진실을 무엇보다 중히 여겨야 한다. 하지만 만약 거짓이 신들에게는 무용하지만 인간에게는 의술이나 약의 형태로 유용하다면, 명백히 말하건대 그런 일은 의사들에게 맡겨야 하며, 일반인들은 하등 관여해선 안 된다."[2] 즉 이상 세계에는 거짓말이 있을 여지가 없지만, 모두가 지고한 이상의 화신이 아닌 구체적 현실 세계에서는 적정량으로 투여된 거짓말이 사람들을 자기 도리에 맞게 처신하게 하는 '약'으로 기능할 수 있다. 다만 오직 가장 지혜로운 사람들만이 거짓말을 언제 어떻게 쓸지 판단할 수 있다. "도시의 통치자들은 국가 이익을 위해 적이나 시민에게 적절히 거짓말을 할 수 있다. 하지만 이 역시 일반인에게는 전혀 해당되지 않는다."[3] 즉 일반 시민의 거짓말은 엄중히 단속되어야 한다.[4] 짧게 말해 국가의 통치자들에게만, 오직 그들에게만 거짓말이 허락된다는 얘기다.

여기서 강조할 것이 또 있다. 정치적 거짓말에 대한 플라톤의 옹호는 통치자가 국가의 기원에 대해 새빨간 거짓말을 해도 된다는 선에 그치지 않는다. 통치자들은 이롭다고 생각되면 어떠한 거짓말도 할 수 있다. 예를 들어 최고의 자질을 지닌 아이들을 많이 확보하기 위해서라면 국가가 누가 누구와 아이를 낳을지에 대해 엄중한 통제권을 행사하는 것도 정당화된다. "우리의 통치자들은 국민의 이익을 위해 허위와 기만을 상당히 사용할 수밖에 없다. 우리는 이런 수단의 사용이 의술의 범주에 든다고 믿는다."[5] 이는 국가의 현명한 통치자들은 진실을 알고 있으며, 따라서 그들의 영혼은 입에서 나오는 거짓말에 의해 오염되지 않는다는 발상이다. 또한 통치자들은 지혜가 있기 때문에 진실을 모르는 '무리들'에게 언제 적정량의 거짓말을 약으로 공급할지 판단할 수 있다는 뜻이다. 그렇다면 통치자가 국민에게 할 수 있는 거짓말의 수는 제한이 없어 보인다. 통치자의 거짓말이 국가에게, 따라서 시민에게 이익이 된다면 말이다. 다시 말하지만 플라톤은 일반적인 거짓말의 사용은 옹호하지 않는다. 오히려 그는, 앞서 말했다시피, 일상의 거짓말쟁이는

140

매우 불운한 삶을 살다가 결국 외로움에 빠질 운명이라고 강조한다.[6]

마키아벨리 역시 정치적 거짓말을 전혀 문제 삼지 않는다. 그는 진실함은 칭찬받아 마땅하지만, 정치에 있어서는 자신에게 유리할 경우 거짓말하고 속일 준비를 갖추고 있어야 한다고 주장한다.[7] 마키아벨리에 따르면 인간은 덕성스러울 필요에 의해 강제되지 않는 한 언제라도 사악함을 드러내는 존재다.[8] 장기적으로 인간은 한 명도 남김없이 악인으로 판가름날 것이고, 따라서 군주는 통치에 유용하다면 온갖 사악한 수단을 다 동원할 수밖에 없다. 인간은 대체로 사악하고, 그 속에서 선량함은 살아남지 못하고 자멸하게 된다. 마키아벨리는 어차피 내게 거짓말과 속임수를 사용할 사람들에게 거짓말과 속임수를 사용하는 것은 정당하다고 주장한다. 당연히 이 주장은 사람들은 본성적으로 악하고, 따라서 믿을 수 없고, 기회가 왔을 때 사악한 수단을 사용할 것이며, 이를 막을 도리는 없다는 그의 믿음에 근거한다. 남들이 내게 정직하리란 보장도, 추정도 불가능하기 때문에 나도 남들에게 정직할 필요가 없다는 것이다.

토머스 홉스(Thomas Hobbes, 1588~1679)도 정치권력의 거짓말 사용에 개방적이다. 홉스가 보기에 국가의 가장 중요한 통치 도구는 두려움이다. 그는 사람의 감정 중에 두려움

만큼 범법 욕구를 억제하는 것이 없다고 말한다.[9] 국가는 처벌로 시민을 위협하고, 처벌에 대한 두려움이 시민들의 평화로운 공존을 보장한다.[10] 홉스의 기본 생각은 이렇다. 시민은 복종을 자신들의 이익에 부합하는 것으로 믿고 기꺼이 거기에 복종해야 한다. 이에 대한 국가의 소임은 사람들이 옳은 것을 두려워하게 만들고, 그 두려움을 적절한 방향으로 이끄는 것이다. 즉 국가는 시민에게 무엇을 무엇보다 더 두려워할지 가르쳐야 한다. 국가 입장에서는 사람들이 알아서 두려워하면 편하겠지만 자동으로 그렇게 되지는 않을 테니까. 홉스는 이를 위해 국가 차원의 이미지 관리가 어느 정도 필요하다고 말한다. 즉 특정 현상들은 확대하고 다른 것들은 축소해야 한다.

이처럼 홉스의 관점에서 거짓말은 정당한 통치 도구다. 하지만 홉스는 국가가 통치 기반에 대해서는 진실해야 한다고 주장한다. 다시 말해 홉스는 국가 권력 기반과 시민의 권리와 의무에 관한 한, 플라톤이 말하는 이른바 '고귀한' 거짓말을 수용하지 않는다.[11] 그는 이 문제에 대해서는 권력자들이 시민에게 진실을 말할 의무가 있다고 생각한다. 하지만 이 문제를 제외하면 권력자들은 유용하다고 판단되는 경우 시민에게 자유롭게 거짓말할 수 있다. 또한 홉스는 일반 시민의 표현의 자유나 학문의 자유가 권력자들에 대항하는 데 쓰이는 것을 인정하지 않는다. 그는 통치자가 학동과 학생이 배워야 할 것을 상세히 규정하고 단속하는 것을 전면 허용한다.[12] 플라톤처럼 홉스에게도 거짓말의 명분은 국가 안정이다. 홉스는 법에 반하는 철학을 가르치는 사람은 누가 됐든 정당하게 처벌될 수 있다고 주장한다. 심지어 그 철학이 진실이라 해도 결론은 달라지지 않는다.[13] 정치가 진실에 우선하며, 국가는 국익을 위해서라면 거짓말을 해도 된다는 뜻이다. 여기서 짚고 넘어갈 것이 있다. 홉스의 정식은 정치적 이해관계와는 별개로 진실이란 것이 존재함을 전제한다. 전체주의 정권에게는 그런 독자적 진실이 존재하지 않는다.

한편 막스 베버는 플라톤이나 홉스와 다른 접근법을 보인다. 그의 견해는 도덕정치와 현실정치 사이의 중간에 위치한다. 즉 도덕적으로 가장 가치 있는 수단만 정치적 수단으로 허용된다는 이상주의적 요구와, 목적에 부합한다면 원칙적으로 어떤 수단도 허용된다는 냉소적 견해 사이에 자리한다. 베버는 다음과 같이 썼다.

우리가 알아야 할 것이 있다. 윤리적 지향성을 갖는 행위에는 서로 근본적으로 다르고 양립 불가하게 대립하는 두 가지 원칙이 있다. 하나는 '원칙적 신념윤리'고, 다른 하나는 '책임윤리'다. 신념윤리는 무책임과 같은 말이 아니며, 책임윤리가 원칙적 신념의 부재를 의미하지도 않는다. 이 점에는 의심의 여지가 없다. 그러나 신념윤리 원칙에 따라 행동하는 것과 책임윤리 원칙에 따라 행동하는 것 사이에는 심오한 차이가 있다. 전자는, 종교적으로 설명하자면, 옳다고 믿는 일을 하고 결과는 신의 손에 맡겨야 한다는 것이고, 후자는 자기 행위의 (예측 가능한) **결과**에 책임을 져야 한다는 것이다.[14]

베버의 관점에서 보면 칸트의 윤리는 정치에 적용하기 어렵고, 마키아벨리의 윤리는 비윤리적이다. 앞서 말했듯 칸트는 사람의 목숨을 구하기 위한 거짓말조차 금지할 정도로 도덕적 의무에 절대적 우선권을 부여하는 윤리관의 대표주자다. 이런 절대적 윤리주의는 자기 윤리에 따라 행동할 뿐, 상황이 결과의 행불행을 좌우한다고 말한다. 반면 책임윤리주의는 자기 행동에 따를 결과도 고려해야 한다고 말하며, 자기 행동으로 인해 심각한 결과가 빚어질 수 있다는 것을 인정한다. 신념윤리와 책임윤리는 정반대가 아니라 상호보완적이다. 베버는 책임 있는 행동을 위해 때로는 신념윤리가 유예되어야 한다고 주장한다. 문제는 신념윤리의 규범을 보류하는 것이 옳을 때가 정확히 언제인지 말해 줄 이론이 없다는 것이다. 베버는 이렇게 말한다.

'선한' 목적을 달성하기 위해 도덕적으로 의심스럽거나 위험한 수단을 동원해야 하는 경우가 많다. 그리고 그 경우 유해한 부작용이 발생할 가능성과 가망성을 생각하지 않을 수 없다. 이 세상의 어떤 윤리도 이 점을 피해 가지 못한다. 또한 이 세상의 어떤 윤리도, 윤리적으로 선한 목적이 언제 그리고 어느 정도까지 윤리적으로 위험한 수단과 그 부작용을 '정당화'할지 결정해 주지 않는다.[15]

결과 참작이 도덕률 적용보다 우선해야 할 때가 정확히 언제인지 말해 줄 수 있는 윤리이론은 세상에 없다. 그렇기 때문에 베버는 그런 결정을 내릴 때 누군가의 판단이 불가피하게 개입할 수밖에 없다고 생각한다. 이런 견해를 다른 말로 '약한 결과주의weak consequentialism'라고 부른다.[16] 항상 최선의 결과가 나올 방식으로 행동해야 한다는 것이 일반적 결과주의라면, 약한 결과주의는 대개는 원칙적 신념윤리에 따르되 도저히 받아들일 수 없는 결과가 예상될 때는 결과가 원칙을 우선할 수 있다고 말한다.

베버는 진실에 대한 강제를 지적하면서 원칙적 신념윤리가 현실을 보는 방식을 다음과 같이 비꼰다.

마지막으로, 진실에 대한 의무를 말해 보자. 절대원칙의 윤리로 봤을 때 이 의무는 무조건적인 의무다. 그렇다면 모든 문서는 공개되어야 한다. 특히 이 나라에 죄책감의 짐을 지운 문서들은 반드시 공개되어야 하며, 그 문서들에 입각한 죄의 자백이 어떤 결과를 낳을지 상관없이 일방적이고 무조건적으로 이루어져야 한다는 결론이 나온다. 이 경우 정치인이라면, 그런 상황은 결과적으로 진실의 대의에 도움이 되지 않을 뿐 아니라, 문서의 남용과 그것이 촉발하는 격정에 의해 오히려 진실이 묻힌다는 견지를 취할 것이다. 정치인이라면, 유일하게 생산적인 접근법은 이해관계가 없는 주체들이 수행하는 체계적이고 포괄적인 조사뿐이며, 다른 방식을 썼다가는 국가에 수십 년이 지나도 바로잡을 수 없는 결과를 초래하게 된다는 견지를 취할 것이다. 하지만 절대주의 윤리는 '결과' 따위 아랑곳하지 않는다.[17]

베버는 정치는 더러운 사업이라서 그 세계에서 책임감 있게 행동하고 싶은 사람은 누구든 기꺼이 손을 더럽힐 각오를 해야 한다고 말한다. '손을 더럽히는 것'이 말하는 윤리적 역설은 옳은 일을 하기 위해서는 때로 잘못된 일을 해야 한다는 것이다. 참말과 거짓말의 차원에서 말하자면 거짓말하는 것은 나쁘지만 정치적 상황이 그것을 강제할 수 있다는 의미다. 그렇다면 이런 질문이 대두한다. 거짓말을 해도 되는 때와 해야 하는 때는 언제인가? 짧게 답하면 이렇다. 가능한 드물게. 그리고 정직이 국가에 매우 나쁜 결과를 야기할 때만.

　유능한 정치인은 손을 더럽히는 것을 피하기 어렵다. 항상 정언명령대로 사는 열혈 칸트주의자인 경우, 정치적으로 중요한 목표를 달성하는 데 필요한 수단들을 포기해야 하는 상황에 너무나 많이 직면하게 될 것이다. 도덕규범을 하나라도 어기는 것이 영 힘든 사람은 정치에 입문할 생각 자체를 말아야 한다. 정치 인생을 위해 지불해야 할 대가는 옳은 일을 위해 때로 부도덕한 행동을 불사해야 한다는 것이기 때문이다. 베버에게 '책임 있는' 정치인이란 부도덕하게 행동하면서 부채감을 느끼는 사람이다. 이는 이중 잣대와는 다르다. 베버의 정치인은 도덕성이 자기에게 미치는 구속력을 받아들이지만 그럼에도 더 중한 이유로 도덕성을 저버리기로 선택하는 사람이다. 이 사람은 다소 비극적인 인물이다. 이 사람은 거짓말이 잘못이라는 것을 알고, 그것을 인정하고, 거짓말을 할 때 마음이 굉장히 불편하지만, 그럼에도 맡은 바 임무를 완수하기 위해서는 거짓말이 요구된다는 것을 안다. 장기적이고 심각한 국난의 시기에는 손을 더럽히는 일이 더 자주 요구된다. 다만 그런 결정들은 가능한 한 피해야 하고, 정말 어쩔 수 없는 경우들만을 위해 남겨 두어야 한다.

베버의 책임윤리도 개인의 사익을 위한 거짓말은 절대 옹호하지 않는다. 하지만 정치적 거짓말은 설사 국익을 위한 것으로 평가될 때도 종종 해당 정치인의 이익을 위한다. 정치인의 거짓말은 주로 대중의 반대를 무마하거나 권력을 유지하거나 자신이 속한 정당의 이익을 도모하기 위한 것이다. 국가 안보를 이유로 정당화되는 비밀주의는 적의 첩보를 막기 위해서라기보다 자국민의 정보 접근을 막기 위한 것일 때가 많다. 예컨대 미국이 베트남전 확전의 명분으로 삼았던 통킹만 사건이 사실은 조작이었다는 내용을 담은 미국 국방부의 기밀문서, 이른바 펜타곤 페이퍼Pentagon Papers가 극비에 붙여졌던 것은 베트콩이 베트남전의 전황을 아는 것을 막기 위해서가 아니었다. 베트콩이야 이미 전황을 훤히 알고 있었으니까. 그것은 미국 국민이 아는 것을 막기 위해서였다. 문서의 내용이 알려지면 반전운동이 격화될 것이 뻔했다. 이때의 비밀주의는 행정부 통제가 아니라 민주적으로 통제되어야 할 대상에 관한 대중의 알권리를 차단하는 것이었다. 당시 존슨 행정부가 한 거짓말은 베버의 책임윤리 요건을 전혀 충족하지 못한 거짓말이다.

앞서 살펴본 사상가들은 모두 특정 상황의 정치적 거짓말, 이를테면 군사개입 같은 특정 행위를 정당화하거나 정권에 불리한 사실을 숨기기 위한 거짓말들을 논한다. 이에 더해 한나 아렌트(Hannah Arendt, 1906~1975)는 현대에 새로운 유형의 거짓말하기가 등장했으며, 이는 나치즘과 공산주의로 대표되는 전체주의 거짓말이라고 했다. 구체적으로 말하자면, 이 거짓말은 특정 진실을 은폐하는 것을 넘어 진실과 허위의 구분 자체를 무효화하려는 거짓말이었다. "전체주의 정권들이 저질렀던 날조들과 당시 전체주의 운동들이 만들어 낸 거짓말들은, 참과 거짓의 구분 자체를 배제하는 이 근본적인 태도에 비하면 부차적인 문제일 뿐이다."[18] 특히 아렌트는 과학사학자 알렉상드르 쿠아레(Alexandre Koyré, 1892~1964)의 견해에 주목한다. 쿠아레는 1945년 한 에세이에서 전체주의 사회의 현대인은 "거짓말에 목욕하고, 거짓말을 호흡하며, 존재하는 매 순간 거짓말에 매여 있다."[19]고 썼다. 나아가 그는 "전체주의 정권은 '거짓말 우선의 원칙'에 기반한다."고 말한다. 전체주의 거짓말의 특징은 극도의 수월함에 있다. 전체주의 사고방식은 거짓말을 하등 문제시하지 않는다. 전체주의는 이중 잣대 정도가 아니라 도덕성의 완전 결여에 해당한다.

아렌트에 따르면, 전통적 거짓말이 비밀주의에 입각했다면 이 현대의 거짓말은 모두에게 명백한 것을 건드리고, 상황을 실제로 겪고 있는 당사자들의 눈앞에서 상황을 날조한다.[20] 이는 현실 은폐가 아니라 현실 파괴다. 따라서 현실이 거짓말에 맞설 수 없게 된다. 전통적 거짓말이 논쟁에서 이기거나 특정 사실을 덮기 위해서였다면, 현대의 거짓말은 현실 자체를 대체하기 위한 것이다.[21] 아렌트는 나치수용소가 전체주의 정권이 어떻게 규칙을 만들고 현실을 조립해서 진리로 만드는지를 극명하게 보여 주는 사례라고 말했다.[22] 아우슈비츠에서 발견된 어느 이름 없는 일기에 이에 대한 표현이 나온다. "우리는 더 이상 인간이 아니다. 그렇다고 우리가 동물이 된 것도 아니다. 우리는 그저 독일에서 만들어진 기괴한 정신-물리적 산물일 뿐이다."[23] 강제수용소에서 자행된 비인간화 과정은 유대인은 인간의 자격을 제대로 갖춘 존재가 아니라는 인상을 만들기 위한 것이었다. 예를 들어 수용자들을 그들의 분뇨 속에 뒹굴게 함으로써(베르겐-벨젠 수용소에서는 3만 명의 여성이 변소 하나를 공유했다), 그들을 표면상 분뇨와 동일하게 만들었다. 수용자들은 나치정권이 만든 현실로 강제 투입됐고, 거기서 그들은 정권의 프로파간다가 사실이라는 증거로 쓰였다.

전체주의는 마음과 현실의 상응이라는 전통적 진실 개념을 바탕으로 급진적 발상을 만들어 냈다. 이런 발상이었다. 우리가 현실을 만들어 낼 수 있다면 진실도 만들어 낼 수 있다! 마음은 현실 파악에 애쓸 게 아니라 현실 생산에 힘써야 한다! 다시 말해 "현실이 스스로 베일을 벗고 진짜 얼굴을 드러낼 때까지 기다릴 필요가 없다. 대신 우리가 현실을 만들어 내면 된다. 그 현실은 통째로 우리의 산물이기 때문에 처음부터 그 구조가 우리에게 훤히 알려져 있다."[24] 현대의 전체주의 거짓말쟁이는 사상가가 아니라 행동을 작동시키는 **창조자**며, 따라서 정치인의 말은 아직은 진실이 아니더라도 곧 진실이 된다.

이런 식으로 '현실'을 통제할 수 있다면, 그 현실 속에 사는 사람들도 통제할 수 있다. 아렌트는 다음과 같이 썼다.

전체주의 정권 같은 독재체제들의 통치를 가능하게 하는 것은 사람들의 정보 결여다. 아는 것이 없는데 어떻게 의견을 가질 수 있겠는가? 만약 모두가 언제나 내게 거짓말을 한다면, 그 결과 내가 그 거짓말들을 믿게 될까? 그렇지 않다. 오히려 더는 아무도 아무것도 믿지 않게 된다. 거짓말은 본래 계속 바뀔 수밖에 없고, 거짓말하는 정부는 자기 역사를 끝없이 다시 써야 하기 때문이다. 당하는 입장에서는 거짓말이 하나가 아니다. 평생 한 가지 거짓말만 믿으면 되는 문제가 아니다. 정치적 바람이 어떻게 부느냐에 따라 국민은 수많은 거짓말에 속는다. 결국 국민은 더 이상 아무것도 믿을 수 없게 되고, 더 이상 아무 결정을 내릴 수 없게 된다. 이렇게 그들은 행동 능력뿐 아니라 사고와 판단 능력도 박탈당한다. 국민이 이런 상태가 되면 정권은

원하는 대로 할 수 있다.[25]

　'모두가 언제나 거짓말하는' 사회가 가능할까? 비현실적으로 들린다. 과장된 표현이다. 하지만 아렌트의 요점은 이 것이다. 전체주의 사회에서는 거짓말이 너무나 만연해져서 어떤 것도 믿을 수 없어지고, 개인들은 현실감각을 잃는다.

　전체주의는 사회적 공간을 허물고, 그렇게 함으로써 사적인 것과 공적인 것의 구분도 없앤다. 아렌트는 이것을 '집 단적 고독organized loneliness'이라 부른다.[26] 민주주의 사회와 전체주의(또는 권위주의) 사회는 다른 무엇보다 신뢰와 대인관계에서 현저한 차이를 보인다. 이는 우연히 아리스토텔레스가 예측한 점이기도 하다. 아리스토텔레스는 독재체제에서는 우정이 설사 있어도 적게 존재하고, 민주정체제 내에서는 많이 존재한다고 했다.[27] 거짓말에 속속들이 물든 사회에서는 사람들이 그들의 신뢰를 어딘가로 돌리는 것이 거의 불가능하다. 사람들이 시민으로 기능하기 위해서는 "서로 기꺼이 믿는 동등한 구성원들"이 필요하다.[28]

　전체주의 사회에서는 모두가 거짓말을 강요당한다. 통치자들은 권력 유지를 위해 사람들에게 거짓말을 해야 하고, 사람들은 그 거짓말들을 믿는다고 거짓말해야 한다. 사실에 관한 것이든 가치관에 관한 것이든, 정치지도자의 입에서 나오는 의견에서 벗어난 의견은 또 하나의 의견이 아니라 전체 사회 구조를 위협하는 그릇되고 위험한 의견으로 간주된다. 이런 사회는 사회 전체가 하나의 거대한 에코 체임버인 셈이다. 거기서는 주류에서 벗어난 의견을 표하면 처벌받는다. 처벌 방법은 투옥, 정신병원 감금, 강제 노동, 처형 등이다. 이들에 대한 처벌은 나머지 사람들에게 세상에는 오직 하나의 '진실'만이 있으며, 거짓말쟁이나 공공의 적으로 찍히고 싶지 않으면 순응하는 게 상책이라는 분명한 메시지를 보낸다. 거기서는 공동체의 일원이 되려면 거짓말을 믿는다는 거짓말을 해야 한다. 정도나 규모는 작지만 유사종교집단에서도 같은 현상이 관찰된다. 다만 이 경우 반대자에 대한 처벌은 대개 배척이나 축출이다.

이와 관련된 현상이 자유민주주의 사회의 공공권에서도 발견된다. 일례로 많은 사람들이 인기를 얻고 관심을 받기 위해 자기가 믿는 것과 다른 말을 한다. 물론 이 같은 사회적 압력에 긍정적 측면이 없지는 않다. 사회적 압력은 공

에코 체임버(echo chamber): 같은 소리가 끝없이 증폭하는 공간을 말한다. 정보 이용자가 같은 신념을 공유하는 사람들과의 폐쇄적 커뮤니케이션을 통해 자신의 신념을 대변하는 정보만 계속 수용하는 현상을 에코 체임버 효과라고 한다.

사회의 공공권(public sphere): 시민사회에서 사회적 관심사에 대해 자유롭게 의견을 교환하고 정치적 의사를 형성하는 대화의 공간.
사회적 압력(social pressure): 개인이나 집단의 태도를 특정 방향으로 이끄는 사회적 영향.

적 행동을 규제하고 사회 질서를 유지한다. 하지만 순응주의 거짓말쟁이들을 양산하는 것 또한 사회적 압력이다. 사람들은 사회공동체의 일원이 되기 위해 대외적으로 자기 견해와 다른 견해를 표한다. 그래야 자신이 사회에서 환영받는 일원이 된다고 믿는다. 이는 흔한 현상이다. 십 대들의 경우 실제로는 전혀 다른 음악을 좋아하면서도 단지 친구들과 급우들이 특정 가수의 팬이라는 이유로 해당 가수의 팬을 자처하기도 한다. 이런 역학이 미적 세계가 아니라 정치 세계에서 일어날 때 문제가 더욱 심각하다. 이 역학은 사람들이 남과 다른 생각을 갖는 것을 극도로 꺼리게 만들기 때문이다. 민주주의는 마찰을 필요로 한다. 자유민주주의의 중요한 임무 중 하나가 공공권의 담론 활성화인데, 논의는 너무 순조롭게 흘러가면 최적으로 작동하지 못한다. 민주주의에서는 너무 많은 사람들이 너무 많이 동의하는 것은 결코 좋은 일이 아니다. 그런 집단역학은 어떤 신념과 진술을 합당하다고 볼지에 대한 범위를 좁혀 버리는 자기 강화 경향을 띤다. 자유민주주의에서 법치와 기본권은 사람들에게 사상의 자유를 보장하는 가장 중요한 도구다. 하지만 법치는 사회적 압력에 직면하면 한계를 드러낼 수 있다. 시민사회와 그 안의 다양한 집단들은 스스로를 감시하고 규제한다. 시민사회의 일원으로서 우리 각자는 되도록 다양한 인식들을 도입해서 순수의 소용돌이를 깨는 데 일조해야 한다. 우리에게는 자신과 타인 모두에게 진실을 말할 책임이 있다. 첫째, 맹목적 동조는 미성숙을 자초하는 지름길이다. 둘째, 내 동조는 사회적 압력을 가중시켜 남들의 동조를 촉진한다. 동조 형태의 거짓말은 언뜻 무해해 보이지만 명백히 자유민주주의를 해친다.

해리 프랭크퍼트는 민주국가가 유난히 개소리 생산에 능하며, 이는 "모든 것, 또는 적어도 국정 수행의 모든 것에 대해 의견을 가지는 것이 민주시민의 책임이라는 보편적 확신" 때문이라고 말한다.[29] 나는 이 말에 동의하지 않는다. 무엇보다 국가지도자가 개소리하는 것은 시민이 개소리하는 것과 차원이 다르다고 본다. 그런 점에서 전체주의 정권이나 권위주의 정권이 명백히 민주주의 정권보다 훨씬 더 심각한 개소리 생산자다. 민주주의의 장점은 국가지도자가 실제로 국민을 책임져야 하고, 그들의 개소리가 종종 부메랑처럼 돌아와 그들의 발목을 잡는다는 것이다. 반면 독재자는 혁명이 일어나지 않는 한 국민을 책임질 필요가 없다. 그들은 무엇이 '진실'인지 마음대로 정할 수 있다.

거짓말의 유일한 해독제는 진실이다. 진실은 정치에 저항할 근거를 준다. 그렇기에 아렌트가 썼듯 진실은 "폭군의 미움을 받는다. 폭군 입장에서는 독점 불가한 물리력과의 경쟁이 당연히 두려울 수밖에 없다."[30] 또한 진실은 다른 무엇보다 약자의 무기다. 그런데 진실은 그리 간단치가 않다. 진실은 무엇일까. 진실이 강자의 무기가 될 수도 있고, 거짓말이 약자의 무기도 될 수 있다는 것이 진실이다. 예를 들어 정부는 반대파에 대한 불쾌한 진실을 폭로하는 데 자원 투입을 아끼지 않는다. 때로는 반체제 인사가 자신의 비밀을 숨기기 위해 거짓말을 한다. 그 비밀이 사생활에 관한 것일 뿐 정치와는 무관해도, 어쨌든 밝혀지면 그는 명예와 신용이 바닥에 떨어져 정치적으로 무력화될 수 있다. 가령 변태 성향이나 불륜은 해당 행동에 대한 관용이 없는 문화에서는 치명적이다. 특히 전체주의 관점에서는 이 정보의 진위 여부는 하등 중요하지 않다. 어차피 전체주의는 무슨 진실이든 원하는 대로 만들어 내기 때문이다.

반대파에게도 때로 진실이 불편할 수 있다. 그럼에도 그들 입장에서는 진실이 존재한다고 주장하는 편이 유리하다. 진실 실재론의 한 가지 장점은 현실 자체가 여러 입장 중에 어떤 것은 정당화하고 어떤 것은 반박한다는 주장이 가능하다는 것이다. 이는 무슨 뜻일까? 반대 의견을 가진 상대가 어떠한 권력을 쥐고 있든, 그 상대가 독재자든 민주적 다수든, 우리가 자신의 소견을 진실이라고 당당히 내세울 수 있다는 뜻이다. 다시 말해 진실은 여러 인식들을 판단할 기준이 되며, 이 기준은 무력행사에 순응하지 않는다. 이것이 전체주의 정권들이 기를 쓰고 진실 탐구를 억압하는 이유다. 진실이 없으면 오직 권력만이 옳다.

현대 정치의 거짓말

정치사를 통틀어 마키아벨리주의, 홉스주의, 베버주의 거짓말들이 없었던 때는 없었다. 세상에서 가장 정직한 정치인도 때로는 거짓말을 한다. 미국 대통령들만 봐도 분명히 알 수 있다.[31] 그중 일부는 진실하기 위해 분투했다. 대표적인 경우가 아마 지미 카터일 것이다. 그는 "절대로 거짓말하지 않겠다."는 대국민 공약으로 선거에 나섰다. 그런 그가 정치적으로 미숙한 대통령으로 인식돼 재임에 실패한 것은 역설적이다. 카터는 자신의 약속을 지키려 노력했고, 그러기 위해 때로 적잖은 곤란을 감수했다. 하지만 카터도 거짓말을 완전히 피하지는 못했다. 카터의 언론보좌관 조디 파월은 거짓말을 제한적으로 옹호했다. "첫날 첫 번째 기자가 첫 번째 난처한 질문을 던졌을 때부터, 정부에게 거짓말을 할 권리가 있는지에 대한 논쟁이 있었다. 정부에게는 그럴 권리가 있다. 상황에 따라 정부에게는 거짓말을 할 권리뿐 아니라 거짓말을 할 분명한 의무까지 있다. 백악관에서 보낸 4년

동안 나는 그런 상황에 두 번 직면했다."[32] 그중 한 번은 무고한 사람들의 고통과 당혹감을 덜어 주려는 욕망에서 비롯된 거짓말이었고, 다른 한 번은 이란에 억류된 미국인 인질들을 구출하기 위한 군사작전에 관한 것이었다. 파월 대변인도, 카터 대통령도 딱히 상습적 거짓말쟁이는 아니었다. 어쩌면 카터는 성공적인 대통령이 되기에 도덕의식은 너무 강하고 현실감은 너무 떨어지는 정치인이었다. 상대적으로 그의 후임자들은 진실을 훨씬 유연하게 다루었다. 그중에서 부시 행정부가 이라크 침공을 정당화하기 위해 거짓말을 한 일이 대표적이다.[33] 부시 행정부는 오사마 빈 라덴을 9/11 테러의 배후로 지목한 뒤, 사담 후세인이 오사마 빈 라덴을 비호한다는 확실한 증거가 있으며 이라크에 대량살상무기가 있는 것은 의심의 여지없는 사실이라고 주장했다. 이 주장은 사실이 아니었고, 부시 행정부도 사실이 아니라는 것을 알고 있었다. 부시 행정부가 이라크가 대량살상무기를 보유하고 있거나 적어도 곧 개발할 거라고 믿었을 가능성은 있다. 하지만 그들은 그 '믿음'을 뒷받침할 명백한 증거가 없다는 것을 알고 있었다. 따라서 그것을 확실히 안다는 주장은 거짓말이었다. 사담 후세인과 오사마 빈 라덴의 관계도 순전한 환상이었다.

부시 행정부가 이라크 침공의 명분으로 삼은 거짓말에

는 특별한 점이 있다. 그것은 자국민뿐 아니라 다른 나라들의 국가원수들을 겨냥한 거짓말이었다. 미국 정치학자 존 J. 미어샤이머(John J. Mearsheimer)에 따르면, 국가원수들과 외교관들은 웬만해서는 서로 거짓말하지 않는다.[34] 미어샤이머는 애당초 현실은 이와 반대일 것으로 생각했다. 하지만 이 주제를 심도 있게 연구한 후에 생각을 바꿨다. 미어샤이머는 그들이 서로에게 거짓말한 경우가 물론 있지만, 그 경우들은 관행이라기보다 예외라고 말한다. 외국 국가원수들에게 성공적으로 거짓말하기란 쉽지 않다. 일단 그들은 해당 주제에 대한 정보가 이미 많거나 앞으로 정보를 수집할 것이 분명하다. 또한 국가 간에는 확실한 증거자료 없이는 어떤 주장도 먹히지 않을 때가 많다. 상대가 동맹국이 아니면 특히 그렇다. "믿으라. 하지만 검증하라." 이것이 원칙이다. 로널드 레이건이 한 말로 알려진 이 말은 사실 러시아의 속담이다. 레이건은 1982년 소련 공산당 서기장 미하일 고르바초프와의 정상회담에서 이 말을 처음 사용했다. 누군가 레이건에게 협상 때 우호적 분위기 조성용으로 러시아 속담을 몇 개 배워 갈 것을 제안했는데, 이 속담에 반한 레이건이 회담 때 어찌나 자주 써먹었던지 고르바초프가 진저리를 칠 정도였다고 한다. 어쨌거나 모든 주장이 일일이 검증되어야 하는 상황에서는 신뢰가 깊어지지 않는다.

국가수반이 거짓말을 일삼으면 장차 협력을 얻기가 힘들어진다. 신뢰할 수 없는 사람과 협정을 맺으려는 사람은 없다. 실제로 전 미국 국무장관 헨리 키신저는 정치적 협상에서 속임수 사용을 거부했다.[35] 같은 사람들과 계속해서 연을 맺어야 한다는 이유에서였다. 상대를 속이면 그때만 좋을 뿐, 그것으로 상대와의 관계가 끝장나고 향후에는 어떤 협상이든 하기 힘들어진다. 하지만 키신저는 좋게 말해서 진실과 꽤나 유연한 관계를 유지했던 인물이다. 그를 가리켜 강경 정직파로 평할 사람은 아무도 없을 것이다. 스탈린은 진실은 외교에서 어떤 기능도 하지 않으며, 진실과 외교의 공존은 '마른 물'처럼 어불성설이라고 했다. 스탈린이 한 말 중 드물게 정직한 말이었다.

국가원수들은 그들의 이익에 부합한다고 믿는 경우 적국이나 경쟁국의 정상보다 오히려 우방국이나 동맹국 정상에게 더 자주 거짓말한다. 예를 들어 이스라엘은 자국의 핵무기 개발 계획에 대해 적대국뿐 아니라 미국 같은 우방국에게도 거짓말했다. 이스라엘이 핵무기 보유 사실을 공식적으로 인정한 적은 한 번도 없다. 하지만 국제 정치에서 이스라엘이 핵무기 보유국인 것은 공공연한 비밀이다. 국가원수들은 서로에게 군비 경쟁상의 거짓말을 자주한다. 예컨대 그들은 전쟁 억제 효과를 위해 자국의 군사력을 과장하거나, 반대로 외부 간섭 없이 군사력을 구축할 기회를 벌기 위해 실제 군사력을 축소한다. 하지만 그런 거짓말로 빠져나가는 것이 장기적으로는 화를 부를 수 있다. 과거 소련은 미국에게 자국이 실제보다 순항미사일을 훨씬 많이 보유한 듯한 인상을 주었다. 위용 과시에 성공한 것은 좋았는데, 소련의 막대한 군사 자원에 겁먹은 미국이 군비 확장에 박차를 가한 것이 문제였다. 이를 따라잡기 위해 소련은 애초 의도했던 것보다 훨씬 많은 재원을 군비에 쏟아 넣어야 했다. 군비 경쟁은 소련에 재정 파탄을 불렀다. 국가의 존속을 위한 거짓말이 국가의 몰락에 제대로 기여한 꼴이 된 것이다. 또 다른 예는 2000년대 초 그리스가 유로존 가입을 위해 자국 재정 적자에 대해 거짓말한 사건이다. 재정 적자가 GDP의 3퍼센트 미만이어야 하는 것이 유로존 가입 조건 중 하나였는데, 당시 그리스의 실제 재정 적자는 이를 크게 상회했다. 그리스는 수치를 속인 것을 부인하면서 재무회계상의 혼동이 잘못된 정보의 원인이라고 주장했다. 어느 쪽이든 그리스가 국가 재정에 대한 허위 정보를 제공한 사실에는 변함이 없고, 그 결과 그리스는 2008년 미국발 금융위기 때 재정 거품이 터지면서 이후 수년간 심각한 경제 위기를 겪었다.

또한 미어샤이머는 외교 정책 문제에서 국가원수들이 외국보다 자국민에게 훨씬 더 자주 거짓말한다고 강조한다.

대표적인 예를 프랭클린 D. 루스벨트에게서 찾아볼 수 있다. 루스벨트는 미국이 2차 세계대전에 참전할 명분을 만들기 위해 자국민에게 거짓말하는 방법을 동원했다. 그는 독일이 급기야 유럽 전역을 점령하는 사태가 벌어질 것을 우려했고, 당시 전황으로 볼 때 무리한 예상도 아니었다. 결국 루스벨트는 1941년 9월 독일이 미국 구축함 그리어호를 공격했다고 발표했다. 그의 의도는 좋았고, 결과도 좋았다. 그럼에도 여전히 우리는 이 거짓말이 허용 가능한 것인지 생각해 볼 필요가 있다. 공리주의 관점에서 보면 두말할 것 없이 허용 가능하다. 하지만 국민에게는 기만당하지 않을 권리가 있었고, 루스벨트는 이 권리를 침해했다는 주장도 가능하다.

미어샤이머에 따르면 외교 정책 관련 거짓말은 결과가 좋거나 본전만 챙겨도 대개는 국민에게 용서받거나 심지어 박수를 받는다. 강한 비난은 대개 국내 정책 관련 거짓말들에 쏟아진다. 미어샤이머는 이런 차이가 발생하는 것을 국가원수의 최대 임무가 국가의 존속 보장이기 때문으로 본다. 외교 정책의 세계에서 국가들의 상태는 홉스가 '만인에 대한 만인의 투쟁war of all against all'으로 특징지은 자연 상태에 가깝다. 국가가 곤경에 처했을 때 구조 요청 전화를 걸 수 있는 세계경찰 같은 것은 없다. 개별 국가는 생존 보장을 위해서라면 거짓말과 속임수를 포함해 필요한 모든 수단을 강구해야 한다. 하지만 국내 정책 분야는 얘기가 다르다. 시민은 자기 보호를 위해 국가에 의존한다. 따라서 이때의 거짓말과 속임수는 외교 정책에서와 같은 이유들로 정당화될 수 없다. 미어샤이머는 언급하지 않았지만, 이를 간단히 설명하는 말이 있다. 외교 정책에 대해서는 '그들에 맞선 우리'라는 의식이 있는 반면, 국내 정책에 대해서는 '국가에 맞선 우리'라는 의식이 지배한다.

정치적 거짓말의 주요 유형 중 하나가 '국가건설' 신화다. 이 신화는 주로 영웅적 과거를 소환한다. 그리고 거기서는 모든 흑역사가, 심지어 집단학살마저도 세탁된다. 이런 거짓말은 플라톤의 '고귀한 거짓말'의 변종으로 볼 수 있다. 어느 나라나 어느 정도는 '창의적' 역사 쓰기를 이용해 왔다. 어느 나라나 국가적 자긍심을 강화해 국민 통합을 도모하려는 욕구가 있기 때문이다. 다만 정도가 유난히 심한 나라들이 있을 뿐이다. 예를 들어 푸틴 치하의 러시아에서 2차 세계대전 때 소련의 행적을 과감하게 미화하는 조치들이 시행됐다. 모두 러시아의 국가건설 신화를 위한 것이었다. 이런 역사 다시 쓰기는 과거 민족집단 사이에 극심한 분쟁이 있었던 다민족사회에서 특히 문제가 될 수 있다. 보스니아의 학생들은 보스니아계, 세르비아계, 크로아티아계 등

민족에 따라 '민족 이슈'를 각기 다른 커리큘럼으로 배운다. 특히 1990년대 유고내전의 사건들이 각자의 입장에서 다르게 묘사된다. 이는 민족집단 간 갈등을 장기화하는 완벽한 방편이 될 수 있다. 단지 국민이 듣고 싶어 한다는 이유로 국가건설에 대한 거짓말들이 많은 나라에서 뜨겁게 수용되고 있다.

부차적이긴 하지만 외국에서는 이런 거짓말들을 믿지 않는다는 것도 문제다. 때로 정부가 외국에서 자국이 묘사되는 방식에 대해 항의하는 경우가 있는데, 이는 외국인을 상대하는 것이라기보다 자국민을 향한 홍보의 목적이 강하다. 그 과정에서 외국인들의 호응을 얻어내도 그것은 가외의 수확일 뿐 애초의 기대효과는 아니다. 이유는 간단하다. 외국인에게는 그 거짓말을 믿을 동기도, 믿는 데 따르는 보상도 거의 없다. 하지만 거기 넘어가는 외국인이 있기는 있다. 심지어 북한의 정치선전을 기꺼이 믿는 열성팬이 나라마다 존재한다. 하지만 그런 사람들은 극소수다. 물론 베네수엘라 차베스 정권의 '볼리바르 혁명' 찬가처럼, 한 나라의 미화된 국가상이 외국 청중에게도 광범위하고 성공적으로 먹힌 예외적인 경우들이 없지는 않다. 그렇다 해도 중요한 것은 홈 관중이다. 국가 찬양 거짓말은 정치인들에게 미치는 위험도 미미하다. 리처드 닉슨의 워터게이트 스캔들이 잘 보여 주다시피 대중은 국가이미지 재창조를 노리는 거짓말쟁이보다는 무능이나 부패나 범법 행위를 은폐하려는 거짓말쟁이에게 훨씬 엄격하다.

권력은 부패한다. 좋은 의도를 가진 정치인이라 해서 예외는 아니다. 누군가 우리에게 거짓말할 때 우리가 그 사람의 의도를 어떻게 믿겠는가? 그는 자신의 선의를 확신할지 몰라도, 그의 표면적 의도 아래에 어떤 수상한 동기들이 작동하고 있을지는 아무도 모른다. 설사 우리가 그들의 동기를 믿는다고 쳐도, 그들의 판단을 어떻게 믿겠는가? 정부의 거짓말은 시민이 항의할 기회, 또는 해당 정책에 대해 사실에 기반한 지지를 보낼 기회를 빼앗는다. 거짓말은 민주주의의 본질과 근본적으로 상충한다. 이 점은 악의적 거짓말의 경우에는 따질 것 없이 명백하다. 상대의 이익에 기여한다는 판단에서 비롯된 선의의 거짓말이라 해도 문제가 딱히 덜하지는 않다. 이타적 거짓말은 온정주의 거짓말이기 쉽고, 온정주의는 정치 영역에서 막대한 파급력을 가진다. 즉 정부는 국민의 최대 이익을 위해서라는 구실로 국민에게 거짓말을 할 수 있는데, 이런 온정주의는 시민을 합리적 의견 형성의 역량이 없는 어린아이들과 같다고 상정한다. 자국민에 대한 정치적 거짓말은 진정한 민주주의와 양립할 수 없다. 그것은 선택에 필요한 정보를 차단하고, 따라서 국민이 자유롭게 선택할 기회를 박탈하기 때문이다. 대국민 거짓말은 국민을 강제하는 것과 크게 다르지 않다.

거짓말은 민주주의 개념과 양립할 수 없지만 민주주의 현실에서 불가피하기도 하다. 자유민주주의는 비판에 기반한다. 다시 말해 모든 시민에게 사회가 어떻게 흘러가야 하는지, 무엇이 지속 불가한지에 대한 견해를 표현할 권리가 있다는 사실에 기반한다. 그리고 검증 가능한 정보에 대한 시민의 접근권에 기반한다. 미국 철학자 존 롤스(John Rawls, 1921~2002)의 공적 이성public reason 원칙에 따르면, 당국은 시민 앞에서 공개적으로 옹호할 수 없거나 굳이 옹호하고 싶지 않은 정책은 추구할 수 없어야 한다.[36] 현대 민주주의 이론의 근본 원칙은 정치체의 판단은 반드시 최대한 공개적이어야 한다는 것이다. 통찰의 기회가 막힌 대중은 당국이 추진하는 정책에 대해 당국에게 책임을 물을 수 있는 가망이 거의 없다. 무슨 정책이 추진되고 있는지 항상 알지 못하기 때문이고, 그 정책이 왜 추진되고 있는지도 알지 못하기 때문이다. 따라서 비밀주의는 민주주의와 상충한다. 동시에 어느 정도의 비밀주의는 국가 안보, 사생활 보호 등의 이유로 불가피한 것도 분명한 사실이다. 하지만 비밀주의는 거짓말과 많이 다르다. 비밀 유지 필요성이 거짓말을 정당화할 수 있을까?

정부나 공권력이 시민에게 거짓말하는 것이 과연 타당할 때도 있을까? 영국 철학자 글렌 뉴이(Glen Newey, 1961~2017)는 민주국가의 시민은 상황에 따라 거짓말을 당할 권리가 있다고 주장한다.[37] 그의 주장에 따르면, 만약 정부에게 조치를 이행할 의무가 있고, 정부가 거짓말로 대중에게 거짓 인상을 주어야만 그 조치가 시행될 수 있다면, 정부는 거짓말할 의무가 있고 시민은 거짓말을 당할 권리가 있다. 그렇다면 국가 안보 위기 같은 특수한 경우에는 거짓말에 속아도 좋다는 시민들의 사전 동의가 있었다는 뜻이다. 이것만 떼어 놓고 생각하면 그럴듯한 주장이다. 만약 내가 상대에게 거짓말을 요구했다면 나는 속아 넘어가지 않을 권리를 철회한 것이다. 만약 상대에게 나에 대한 의무가 있고, 내게 거짓말을 해야만 그 의무를 다할 수 있다면, 상대는 거짓말할 의무를 가진다. 하지만 여기서 문제가 생긴다. 내가 상대의 거짓말을 허가했다면 나는 상대를 믿지 않게 된다. 같은 논리가 국가와 시민에도 적용된다. 만약 시민이 국가의 거짓말을 자청했다면, 그래서 국가가 국민에게 거짓말을 일삼게 됐고, 그것이 기정사실이 됐다면, 시민에게 국가가 진실을 말한다는 신뢰가 있을 리 없다. 그렇게 되면 거짓말의 효과도 사라진다. 문제는 또 있다. 첫째, 시민은 거짓말에 속는 것에 동의한 적이 없다. 그런 동의가 어떻게 가능하겠는가? 국가가 시민에게 거짓말할 권리를 놓고 찬반투표를 할 수도 없는 노릇이다. 그런 국민투표는 불가능하다. 둘째, 그런 정책은 시민의 국가에 대한 전폭적 신뢰를 요한다. 구체적으로 말하자면 정부는 시민이 허용 가능하다고 판단한 경우에만 거짓말을 해야 한다. 하지만 거짓말할 선택권이 있는 정부가 국가 안보가 위태로울 때만 그 선택권을 행사할 거라는 보장이 있을까? 현대 미국 정치를 수놓은 수많은 거짓말들을 보라. 워터게이트 사건, 이란-콘트라 사건, 이라크 침공 등. 그중 다수가 국익보다 권력자의 이익을 위한 것이었다. 거기다 '국익' 같은 표현은 심히 신축적이라서 그 안에 무척 많은 것들을 수용할 수 있다.

트럼프, 자유민주주의 국가의 전체주의 거짓말쟁이

도널드 트럼프를 빼놓고 거짓말과 정치를 논하기 어렵다.[38] 미국의 역대 대통령 모두가 거짓말을 했다. 특히 로널드 레이건은 수많은 허위 주장을 했다. 하지만 레이건도 트럼프에 대면 새 발의 피다. 트럼프는 그의 전임자들을 압도적으로 뛰어넘는다. 그의 전임자들이 특정 사안들에 대한 전략적 거짓말들을 했다면, 트럼프는 사소하기 짝이 없는 일부터 중대한 안보 문제와 보건 정책에 이르기까지 사실상 모든 것에 대해 거짓말을 했다. 트럼프의 거짓말이 어이없는 점 중 하나는 그 대부분이 너무나 빤한 거짓말이었다는 것이다. 자신의 대통령 취임식에 모인 인원에 대한 거짓 주장부터가 그랬다. 그의 거짓말 행각은 우리가 전체주의 정권에서나 보았던 수준의 현실에 대한 조롱과 능멸을 보여 준다. 대통령으로서 트럼프는 자유민주주의 틀 안에서 전체주의 거짓말들을 일삼았다. 이는 게임의 기성 법칙에 대한 너무나도 노골적인 위반이었기에 그의 정적과 언론비평가 모두 그를 어떻게 상대해야 할지 종잡을 수 없을 정도였다.

물론 트럼프만 거짓말쟁이는 아니다. 푸틴도 점잖게 표현해서 진실과 담쌓은 인물이다. 그는 명백한 사실도 주저없이 부인한다. 일례로 2014년 7월 17일 우크라이나 상공에서 말레이시아항공 여객기가 러시아 미사일에 피격당해 298명이 사망했는데도 러시아는 이 참사에 대한 책임에서 발을 뺐다. 푸틴이 트럼프보다 진실을 존중한다고 말할 수는 없다. 다만 푸틴은 러시아의 비판적 언로를 근본적으로 끊어 버리는 데 성공했고 그 덕분에 자국에서 욕을 덜 먹고 매번 쉽게 빠져나갈 뿐이다. 트럼프도 비판적 언론을 향해 미국 국민의 주적이라고 욕하며 날을 세웠다. 그 역시 비판적 언론에서 벗어나고 싶은 마음이 굴뚝같았겠지만 그러지 못했다. 대통령 재임 기간 동안 트럼프가 했던 거짓말들을 추적한 《워싱턴포스트》의 분석에 따르면, 트럼프가 임기 4년간 거짓말을 했거나 심한 호도성 발언을 한 경우가 3만 건에 달했다. 더구나 이 결과는 트럼프의 대외적 발언을 개관한 것일 뿐, 그가 사적으로나 비공개로 한 거짓말은 포함하지 않는다.

주장이 얼마나 사실에서 벗어나 있어야 거짓이나 호도가 되는지에 대해서는 해석의 문제가 있다. 그럼에도 트럼프만큼 진실하지 못한 전직 미국 대통령은 또 없었다 해도 할 말이 없을 정도다. 엄밀히 말해 우리는 트럼프가 거짓말을 했다고 단언할 수는 없다. 외견상 그는 숨 막히는 빈도로 허위 주장을 했다. 하지만 그가 거짓말을 하는지, 믿고 싶은대로 말하는지, 개소리를 하는지 판단하기 위해서는 그의 마음상태를 알아야 하는데 우리는 그런 초능력이 없다. 그의 말과 행동을 통해 단지 간접적으로 파악할 뿐이다.

트럼프는 세련되지 못한 연설가다. 그는 전통적인 정치적 수사의 달인이 아니다. 다시 말해 그는 대놓고 거짓말하는 대신 사실을 교묘히 비트는 방법으로 진실 진술을 회피하는 편이 아니다. 그리고 사실상 이런 점이 정치인으로서그의 강점 중 하나로 작용했다. 2016년 미국 대선의 선거운동이 한창일 때였다. 나는 강연을 요청받아 워싱턴에서 버지니아주의 한 대학교까지 가야 했다. 자동차로 세 시간 거리였다. 당시는 공화당이 대통령 후보를 확정하기 전이었다. 여러 여론조사들이 트럼프의 선전을 보여 주고 있었지만 개인적으로 나는 트럼프가 공화당 후보가 될 리 없다고 생각했다. 하물며 그가 다음번 미국 대통령이 될 수 있다는 생각은 꿈에도 하지 않았다. 그런데 여행을 하면서 상황이 달리 보이기 시작했다. 내 운전기사는 지극히 평범하고 친절한 사람이었는데, 트럼프 지지자였다. 나는 적잖이 놀랐다. 그때까지 나는 트럼프를 좋은 대통령 후보로 생각하는 사람을 만난 적이 없었다. 적어도 제정신인 사람 중에는 없었다. 하지만 기사는 누가 봐도 제정신이었다. 그가 트럼프를 지지하는 가장 큰 이유는 "트럼프는 있는 그대로를 말하기 때문"이었다! 그랬다. 트럼프를 다른 모든 후보보다 유리한 고지에 세운 것은 그의 솔직함이었다. 공화당과 민주당을 통틀어 다른 후보들도 대단히 진실해 보이는 사람들은 아니었지만, 나는 트럼프에 비하면 다른 후보들의 부정직함은 명함도 못 내민다고 생각했다. 그런데 내 기사는 상황을 반대로 인식했다. 트럼프의 막말이 다른 후보들을 워낙 압도했기 때문인지 그는 오히려 트럼프를 부패의 바다에서 혼자 진실을 말하는 사람으로 보았다.

트럼프 지지자들—트럼프가 대통령직을 잘 수행했다고 여기는 사람들—의 수가 그를 신뢰할 만한 인물로 보는 사람들의 수보다 항상 더 많았다. 이는 무슨 뜻일까. 이에 대한 한 가지 해석은 이렇다. 정치인은 어차피 모두 부정직하다는 인식 때문에 이 시민들은 정직성을 부차적인 문제로 본다. 정말 그렇다면 정직성이 아닌 다른 기준들에 기댈 수밖에 없다. 미국에서는 지난 수년간 대중매체에 대한 대중의 신뢰가 바닥으로 떨어졌다. 대중매체에 대한 불신은 특히 공화당 유권자들 사이에서 강하게 나타난다. 이런 풍토의 시민에게는 트럼프 정부의 주장이나 매스컴의 말이나 거기서 거기다. 트럼프 행정부를 믿지 않는 시민도 대중매체를 딱히 믿을 만한 대안으로 보지 않는다.

미국 역사에서 가장 상징적인 대통령들의 이야기에는 진실성에 대한 그들의 남다른 추앙이 빠지지 않는다. 이런 진실성 신화의 시초는 미국 초대 대통령 조지 워싱턴의 어린 시절 일화로 거슬러 올라간다. 워싱턴이 어렸을 때 실수로 귀한 벚나무 묘목을 베어 버렸는데 이를 아버지에게 정직하게 고백했다는 감동적인 이야기다. 하지만 아이러니하게도 이 벚나무 일화 자체가 거짓이었다. 워싱턴이 사망한 직후 메이슨 로크 윔스라는 사람이 찬양 일색의 워싱턴 전기를 쓰면서 꾸며낸 여러 일화들 중 하나였다. 심지어 윔스의 창작도 아니었다. 스코틀랜드 작가이자 철학자인 제임스 비티(James Beattie, 1735~1803)의 작품《민스트렐The Minstrel》

에서 표절한 것이었다. 어찌 됐든 정직은 오래전부터 미덕으로 추구됐다. 하지만 지금까지 어떤 대통령도 이 미덕을 체현하지 못했지만 그중에서도 특히 도널드 트럼프가 이 미덕과 담을 쌓았다.

1986년 로널드 레이건은 이란-콘트라 사건의 흑막이 드러나 탄핵 위기에 몰리자 마침내 자신이 관여했음을 인정하면서 다음과 같은 성명을 냈다. "미국 국민에게 나는 인질 교환의 대가로 이란에 무기를 제공하지 않았다고 말했다. 내 마음과 내 선의는 내게 그것이 사실이라고 말하지만, 사실과 증거는 내게 그렇지 않다고 말한다." 진실과 자신이 진실이라고 느끼는 것 사이의 자가당착이 놀랍도록 선명하다. 이는 트럼프의 전조였다. 하지만 적어도 레이건은 사실이 따로 존재한다는 것, 그리고 사실이 보여 주는 것과 자기 느낌이 말하는 것 사이에 괴리가 있음을 인정했다. 즉 레이건은 진실과 트루시니스를 구분했다. 트럼프 정권에서는 이 구분이 녹아내렸다. 트럼프는 독립적 현실이 존재하며, 이 현실이 트럼프 행정부가 임의대로 주장하는 것들과 모순될 수 있다는 점에 아랑곳하지 않았다. 다른 사람들은 자기 말이 허위로 드러났을 때 보통 핑계를 대거나 자신이 틀렸음을 시인한다. 반면 트럼프는 사실이 명시하는 것에 아무 타격을 받지 않는 듯 그저 허위 주장을 반복하는 것으로 대응했다. 그는 원하는 주장이 있으면 그냥 주장할 뿐 사실관계 따위는 신경 쓰지 않았고, 현실에 의해 자신이 교정되는 것을 허락하지 않았다.

자기 말이 허위라는 비판에 직면했을 때 트럼프는 자신의 주장을 입증하는 것이 아니라 대개는 비판을 제기한 사람을 아무 근거 없이 믿지 못할 사람으로 몰아가는 전략을 폈다. 즉 자기 말이 틀렸다는 비판 역시 믿을 수 없으며 따라서 무효라는 식이었다. 알다시피 이 전략은 본인의 신빙성 증진을 위한 전략이 아니다. 비판적 목소리의 신빙성 꺾기 위한 전략이다. 아무도 믿을 수 없다면,《워싱턴포스트》를 믿는 만큼 트럼프도 믿을 수 있지 않을까?

트럼프는 이른바 '탈진실post-truth'의 화신처럼 보인다. 2016년 옥스퍼드 사전은 '탈진실'을 올해의 단어로 선정하면서, 객관적 사실보다 감정과 신념에 대한 호소가 여론 형성에 더 중요하게 작용하는 세태를 일컫는 말로 소개했다. 탈진실에 대한 한 가지 해석은 이렇다. 탈진실은 우리의 언어, 판단, 주장이 우리가 사실이나 현실이라 부를 만한 어떤 것도 대변하지 않는 상황을 말한다. 물론 '사실'이나 '현실'을 정의하는 것도 간단하지 않다. 개인적으로 나는 미국 SF작가 필립 K. 딕의 정의를 좋아한다. 딕은 현실을 우리가 믿기를 멈추어도 사라지지 않는 것으로 정의한다. 이 정의는 중요한 이치를 포착하고 있다. 현실은 우리의 현실 인식을 초월하며, 따라서 우리의 현실 인식을 교정하는 렌즈로 기능할 수 있다는 것이다. 우리의 주장들에 이런 교정 렌즈가 없다면 우리의 언어는 그저 하나의 전략게임에 지나지 않는다. 다양한 이야기들을 견주어 평가할 기준이 없어진다. 만약 우리가 탈진실을 택하고 진실을 버렸다면 우리는 거짓말도 버린 셈이다. 우리가 아는 거짓말의 의미는 자신이 진실이라고 믿는 것과 다른 말을 하는 것이다. 그렇다면 거짓말은 우리가 무언가의 실제 상태가 있다고 믿는다는 것을 전제로 한다. 반면 탈진실은 무언가의 실제 상태가 있다는 것을 부정한다. 따라서 탈진실의 세상에는 전략적으로 작동하는 언어적 발화들만 난무한다.

우리 모두에게는 자신과 가치관이 같은 출처의 정보를 흡수하고, 다른 가치관을 가진 출처는 무시하는 경향이 있다. 과학적 타당성에 대한 통상적 기준으로 후자를 믿을 이유가 더 많을 때조차 그렇다. 우리는 자기 신념에 반하지만 가치 있는 정보의 존재를 받아들이는 데 그다지 개방적이지 않다. 이처럼 믿고 싶은 정보만 취사선택하고 믿고 싶지 않은 정보는 외면하는 성향을 확증편향이라 한다. 하지만 우리의 확증편향을 중화할 방법이 없지는 않다. 그것은 자신을 더 다양하고 광범위한 정보에 노출시키는 것이다. 진실이 여전히 권위를 가지고 있는 세상, 진실이라고 믿는 것과 진실인 것의 구분이 아직은 유효한 세상은 우리의 확증편향을 바로잡을 교정 렌즈가 아직은 있는 세상이다. 반면 탈진실의 세상에서는 확증편향에 무제한적 재량권이 주어진다.

미국 연구조사기관인 퓨리서치센터의 조사에 따르면 2016년 미국 대선에서 민주당 유권자의 76퍼센트가 기본 사실에 대해 공화당 유권자들과 동의할 수 없다고 답했고, 공화당 유권자는 81퍼센트가 같은 주장을 했다.[39] 이 조사가 보여 주듯, 문제는 무엇이 최선의 정치적 결정인지에 대한 양립할 수 없는 가치관이나 양립할 수 없는 견해가 아니다. 문제는 사실 자체에 대한 해결불가한 의견 차이다. 가치관 양극화는 사실 양극화로 이어진다. 이는 사실과 가치 사이에는 논리적 구분이 있지만 그럼에도 사실과 가치가 서로 영향을 미친다는 것을 실증한다. 한 사람의 가치관은 그가 무엇을 유효한 사실로 간주할지에 영향을 미치고, 그가 사실로 간주하는 것은 다시 그의 가치관을 형성한다. 이 관계는 집단 가치관뿐 아니라 집단 사실도 만들어 낸다. CNN을 믿을 것인가, 아니면 폭스 뉴스를 믿을 것인가?

처음에는 이렇게 생각할 수 있다. 사실에 대한 의견 불일치는 자료를 찾아보는 것으로 해결할 수 있지 않을까? 하지만 일이 늘 그렇게 간단하지는 않다. 많은 경우 사실에 대한 의견 차이는 어렵지 않게 해소된다. 가령 금의 원자량이나 금도 녹스는지 여부에 대해 의견이 갈린다면 품질이 보증된 출처에 조회해서 뭐가 맞는지 알아보면 그만이다. 하지만 가치관이 개입하는 즉시 일은 복잡해진다. 이 분야의 전문지식은 받아들여지는 방식이 다르기 때문이다. 논리적으로는 사실과 가치관 사이에 물샐틈없는 구분이 존재한다. 즉 사실에서 가치를 도출할 수 없고 그 반대도 불가능하다. 하지만 실제로는 사실과 가치관이 서로 영향을 미친다. 한 사람의 가치관은 그가 무엇을 유효한 사실로 인식할지에 영향을 미치고, 그가 사실로 인식한 것들이 다시 그의 가치관을 형성한다.

진짜 문제는 가치관이 사실을 무효화하기 시작할 때, 즉 우리가 신념과 충돌하는 사실을 수용하지 못하게 될 때 발생한다. 요컨대 가치관이 사실에 영향을 미치는 것도 모자라 사실을 무효화하는 일이 너무나 쉽게 일어난다. 이는 정치인들이 자신에게 편리한 사실을 '만들어 낸다'는 의미만이 아니다. 물론 '사실 창작'도 정치인들이 자주 하는 일이긴 하다. 트럼프의 경우가 특히 그렇다. 그러나 날조 방법에 창작만 있는 게 아니다. 정치인들은 사실을 용의주도하게 취사선택하는 방법으로 사실을 날조할 때가 더 많다. 이 선택적 사실 이용도 사기나 거짓말이라고 밖에는 표현할 방법이 없다.

이렇게 양극화된 세상의 사람들은 다른 신념을 가진 사람들과 어울리지도 않고, 그들에게서 합리적 의견을 구하지도 않는다. 그들은 그저 적일뿐이다. 우리는 에코 체임버들을 사회적 규모로 만들어 띄운다. 트럼프가 쌓은 장벽은 겉보기에는 미국-멕시코의 국경을 따라 세워졌을지 몰라도 실제로는 미국 국민을 똑바로 관통하고 있다. 트럼프가 명백한 거짓말들을 그토록 쏟아 내면서도 그 급류에 휩쓸리지 않을 수 있었던 것은 바로 이 '장벽' 덕분이었다. 트럼프 행정부는 탈진실을 적극 수용했다. 그렇다고 트럼프 지지자들도 대거 탈진실을 수용했을 가능성은 낮다. 대개의 사람들은 무엇이 진실이고 무엇이 거짓인지 신경 쓰며, 언어를 오로지 전략게임에서 점수 획득을 위한 도구로만 보지도 않는다. 그보다 트럼프 추종자들 사이에는 모종의 자기기만이 있는 것으로 보인다. 그들은 트럼프를 믿고 싶기 때문에 그를 믿기로 작정했고, 트럼프의 신빙성 결여를 세상에 드러내는 것은 그게 뭐든 무시한다.

앞서 말했듯이 우리는 트럼프의 허위가 거짓말, 개소리, 트루시니스 중 어느 범주에 속하는지 확실하게 판단할 수 없다. 다만 그의 진실 취급 방식이 베버의 책임윤리와 거리가 먼 것은 분명하다. 대신 마키아벨리 방식의 현실정치에 가깝다. 게다가 트럼프의 방식은 우리가 지금까지 자유민주주의 체제에서 보았던 어떤 것과도 완전히 다르다.

6장.
우리 안의 거짓말

진실을 말할 때는 이유가 따로 없지만, 거짓말을 하는 데는 반드시 이유가 따른다.[1] 진실을 말해서 원하는 것을 얻을 수 있을 때 우리는 내적 갈등 없이 진실을 말한다. 진실을 말하면 곤란해질 때가 문제다. 이때 거짓말의 필요성이 부상한다.

이런 비대칭성은 화자뿐 아니라 청자에게도 해당된다. 누군가 거짓말을 한다고 가정할 때는 이유가 필요하다. 대체로 우리는 사람들이 진실을 말한다고 가정한다. 실제로 사람들은 대개 진실을 말하기 때문에 우리의 가정은 웬만해서 빗나가지 않는다. 그래서 우리는 하던 대로 계속한다. 즉 계속해서 사람들을 믿는다. 하지만 때로는 무언가를 의심하거나 묵살할 이유를 만나기도 한다. 예를 들어 상대에게 악명 높은 거짓말 전력이 있거나, 내가 상대의 말을 믿으면 상대가 엄청난 이득을 챙기게 된다거나, 실제 상황이 상대의 말과 다르면 상대가 엄청 곤란해지는 경우에는 상대에게 의심이 들 수도 있다. 특히 상대의 말이 내 기존 인식과 많이 상충하는 경우에는 믿기 어려운 말로 들린다. 어느 경우든 상대가 거짓말한다는 생각이 들려면 그럴 만한 이유가 필요하다.

덴마크 철학자이자 신학자인 K. E. 뢰그스트루프(Knud Ejler Løgstrup, 1905~1981)는 저서《윤리적 요구Den Etiske

Fordring》(1956)에 다음과 같이 썼다.

> 대개 우리는 자연스런 신뢰를 가지고 서로를 대한다. 이것이 인간 삶의 특징이다. 서로 잘 아는 사람들만이 아니라 전혀 모르는 사람들에게도 마찬가지다. 우리가 낯선 사람을 미리 불신하는 것은 특별한 상황을 만났을 때뿐이다. […] 우리는 처음에는 서로의 말을 믿는다. 처음에는 서로를 신뢰한다. 이상하게 느껴질지 모르지만 이것이 인간성의 일부다. 이런 신뢰가 없다면 인간다운 삶은 존재하기 힘들다. 우리가 미리부터 서로를 불신하고, 처음부터 상대에게 도둑질과 거짓말의 혐의를 둔다면 삶의 영위가 힘들어지고, 우리의 삶은 망가지고 시들어 버릴 것이다.[2]

뢰그스트루프의 말처럼 본능적 신뢰는 우리가 인간이기 위한 기본 요건이다. 우리는 처음에 누군가를 믿기로 결정하지 않는다. 그냥 믿는다. 신뢰가 먼저고, 그것은 당연하며, 신뢰를 불신으로 대체하려면 이유가 필요하다.

우리가 남들을 믿는 것이 맞는지에 대해 좀 더 이성적으로 생각해 보자. 우리는 많은 경우 상대가 거짓말하지 않는다고 믿어도 전혀 문제되지 않는다는 것을 안다. 문제되지 않을 뿐 아니라 서로 정직한 것이 양방의 이익에 부합한다. 예컨대 양방이 서로 협력해야 일을 성공적으로 마칠 수 있을 때가 그렇다. 상대가 생면부지 남이라 해도 그가 부정직해서 얻을 것이 없다면 그것도 우리가 상대를 믿을 좋은 이유가 된다. 그렇긴 해도 의심을 품을 만한 경우도 없진 않다. 독일 철학자이자 사회학자 게오르크 지멜(Georg Simmel, 1858~1918)이 말했듯 신뢰가 절대적일 때는 거의 없다. 우리는 대체로 누군가를 정도껏 신뢰한다.[3] 상대의 말이 거짓이 아니라는 믿음이 상대의 말이 진심이라는 믿음과 딱히 일치하는 것도 아니다. 예컨대 세계적 팬데믹 상황의 역학 데이터 분석 같은 고도로 전문화된 문제를 다룰 때, 상대에게 해당 분야 전문지식이 부족하다면 나는 상대의 진정성과 별개로 상대의 추측을 굳이 믿을 필요가 없다.

우리의 지식 축적은 신뢰에 기반한다. 누구나 다른 시민, 언론인, 전문가 등에게서 나오는 정보에 의지한다. 이 사람들 역시 남들을 믿어야 한다. 전문가들은 다른 전문가들의 판단과 평가를 믿어야 한다. 진실을 확인하고 유지할 본분이 있는 사람들이 실제로 그러는지 개인이 독자적으로는 보장하지 못한다. 그러려면 우리에게도 그들만큼 지식이 있어야 하는데, 그렇게 되면 우리에게 더 이상 그들이 필요하지 않게 된다. 결국 우리는 우리에게 어느 권위자들을 믿어야 할지 말해 주는 다른 권위자들을 믿을 수밖에 없다.

이런 의미에서 우리가 안다고 생각하는 것들의 대부분은 신념 행위에 기반한다. 다시 말해 우리는 어떤 것들을 믿기로 선택했고, 어떤 것들은 믿지 않기로 선택한 것이다. 우리 중에 무엇이 진실인지 처음부터 독자적으로 결정할 수 있는 사람은 없다. 우리는 불가피하게 권위자들에게 의존해야 한다. 문제는 어느 권위자들이냐.

신뢰에는 순진한 신뢰와 반성적 신뢰가 있다. 이런 분리가 존재하는 것은 우리가 반(反)인식에도 따르기 때문이다. 즉 우리는 상대가 본인도 무슨 말을 하는지 모르거나 거짓말을 하고 있을 가능성도 열어 둔다. 다만 그렇게 가정할 때는 그럴 만한 이유가 필요한데, 그런 이유는 일상의 소소한 상호작용 중에는 거의 부상하지 않는다. 그런 이유가 없다면 대개는 상대가 진실을 말한다고 그냥 가정해 버리는 것이 적절하다. 그편이 우리의 상호작용을 복잡하게 만드는 각종 보증과 확약 과정들을 없애 상호작용의 거래비용을 낮춘다. 사람들의 상호 신뢰는 즉각적 교제와 사회화를 가능하게 한다. 이런 즉시성은 불신의 풍토에는 존재하지 않는다. 지멜은 사람들 사이에 보편적 상호 신뢰가 없다면 사회가 그저해체돼 버린다고 말한다.[4] 그에 따르면 신뢰는 "사회에 내재하는 가장 중요한 합성력 중 하나다."[5] 상호 신뢰가 결여된 사회는 제대로 된 사회라 할 수 없으며, 그저 끝없이 서로를 경계해야 하는 고립된 개체들의 집합일 뿐이다. 진실성은 문명의 전제 조건이다. 진실에 대한 존중 없이는 우리가 더 이상 서로를 믿을 이유가 없고, 서로를 믿지 못하면 문명은 붕괴한다. 우리가 서로에게 믿을 만한 정보를 전달하고 있다는 믿음이 없이는 그 정보에 의지할 수 없다. 타인과의 상호작용에는 늘 위험이 따른다. 대인 신뢰는 우리가 이 불확실성을 누르고 실제로 상호작용하게 해 준다. 이는 신념 행위다. 신뢰가 침식되어 없어지면 그 밑에는 고립된 집단들과 개인들만 남는다.

우리가 서로 소통이란 것을 하려면 기본적인 수준의 신뢰가 필요하다. 남들이 대체로 진실을 말한다는 추정이 불가능하면 소통은 와해한다. 진실 추정은 이해의 필요 요건이다. 우리는 상대의 주장이 대부분 사실이라고 추정해야 한다. 그렇지 않으면 상대가 말하는 현실과 내 현실은 아무 상관없는 별개의 것이 된다. 각기 다른 현실에 사는 사람들은 서로를 이해할 수 없다. 거짓말만 하면서 정상적인 의사소통 관계를 유지할 수 있을까? 상상조차 불가능하다. 거짓말은 그 정의定義처럼 하위 현상, 즉 일탈이어야 한다. 우리는 대개의 소통은 진실하다는 가정을 필요로 한다.

일상의 어느 평범한 날을 상상해 보자. 우리는 가족, 친구, 동료와 대화하고, 이메일을 받고, 신문을 읽고, TV를 보고, 가게 직원에게 주문한다. 이 과정에서 분명히 우리는 무엇이 이렇거나 저렇다는 막대한 양의 주장들에 접한다. 이때 특별한 경우가 아니면, 특히 누군가 내가 진실이라고 믿는 것과 상충하는 주장을 하는 경우가 아니면, 우리는 사람들이 당연히 사실을 말하려니 생각한다. 우리는 호시탐탐 거짓말로 서로를 속이려 들지 않는다. 이것이 서로에 대한 우리의 일반적인 태도다. 그렇지 않으면 사는 것이 힘들어진다. 사람들이 대체로 부정직하다고 가정할 경우 평범한 날이 어떻게 변할지 상상해 보라. 타인과 뭐라도 함께 도모하는 것이 거의 불가능해진다.

누구를 믿을 수 있을까? 이에 대한 짧은 답은 이것이다. 대개의 경우 대개의 사람들. 앞서 말했듯 대부분의 사람들은 평균보다 거짓말을 적게 한다.[6] 사회심리학 실험들에서 사람들은 평균적으로 평상시 상호작용의 25퍼센트가량 거짓말을 하는 것으로 나타난다. 하지만 실험 결과의 평균들은 오해의 소지가 있다. 실험 참가자들의 대다수가 거짓말을 매우 드물게 해도 소수가 매우 높은 빈도로 거짓말을 하면 평균이 쉽게 올라간다. 수치를 확 끌어올리는 악명 높은 거짓말쟁이들은 대표성이 없다. 소수가 거짓말의 대부분을 하고 대다수는 좀처럼 거짓말하지 않기 때문이다. 그런 의미에서 우리 인간은 일반적으로 상당히 진실하다. 거짓말

발생 빈도에 대한 실험 자체도 높은 수치가 나올 수밖에 없는 구조다. 거짓말의 빈도를 추산하는 실험들에서 대화가 '정직한' 대화로 분류되려면 10분 이상 이어져야 하고 그동안 거짓말이 단 한 번도 발생하지 않아야 한다. 반면 대화의 길이에 관계없이 거짓말이 하나라도 포함되면 그것은 '부정직한' 대화로 분류된다. 실험 상황이 아닌 실생활의 큰 그림으로 봤을 때 우리가 서로에게 하는 모든 말 중 거짓말의 비중은 매우 적다.

바로 이것이 거짓말하는 사람이 거짓말에 성공할 수 있는 이유다. 또한 이것이 거짓말하는 소수가 정직한 다수가 구축한 신뢰에 기생할 수 있는 이유다. 거짓말은 신뢰 없이 성공하지 못한다. 따라서 설사 거짓말쟁이라 해도 대개는 정직하게 살면서 거짓말은 신중하게 아껴 해야 한다. 습관적 거짓말쟁이로 판명난 사람을 믿어 줄 사람은 아무도 없기 때문이다. 한나 아렌트가 지적했듯 거짓말쟁이에게는 정직한 사람에게는 없는 큰 이점이 하나 있다. 거짓말쟁이는 상대가 듣고자 기대하는 것을 미리 간파하고, 현실을 충실히 옮기는 대신 상대의 기대에 맞춰 자신의 메시지를 적절히 조정한다. 이 때문에 때로는 진실보다 거짓말쟁이의 거짓말이 훨씬 더 그럴듯하게 들린다.[7]

거짓말은 우리가 함께 일하는 데 필요한 신뢰를 깨는 행위다. 이에 대해 몽테뉴는 다음과 같이 말한다.

> 우리의 이해는 오직 말에 의해 이루어진다. 누구라도 말을 조작하는 사람은 공공사회에 대한 배신자다. 말은 우리가 소망과 생각을 전달하는 유일한 도구다. 말은 우리 영혼을 통역해 준다. 말이 없다면 우리는 더 이상 함께 뭉쳐 살아갈 수 없다. 더는 서로를 알 수 없다. 말이 우리를 속인다면 모든 교류와 소통이 부서지고, 우리가 세운 정치체의 유대가 풀려 버린다.[8]

거짓말은 이렇게 심각한 현상이다. 거짓말쟁이를 간파할 간단한 방법이 있다면 얼마나 좋을까. 하지만 그런 방법은 없다. 상대가 내게 거짓말할 때 그 자리에서 포착하는 기술 같은 것은 없다. 대부분의 거짓말은 사후에 드러난다. 거짓말의 징후들을 간파하는 방법을 알려 주겠다는 책들은 읽으면 읽을수록 그런 방법은 사실상 존재하지 않는다는 것만 깨닫게 된다. 사람은 거짓말할 때 상대와 눈 맞춤을 피한다는 통념이 문화권을 막론하고 퍼져 있다. 하지만 이에 대한 과학적 근거는 전혀 없다.[9] 거짓말할 때 상대의 눈을 똑바로 쳐다보는 사람도 있고, 그렇지 않은 사람도 있다. 또 어떤 사람은 진실을 말할 때 상대를 똑바로 쳐다보지만 어떤 사람은 그러지 않는다. 상대가 내 눈을 제대로 쳐다보는지 여부는 거짓말하는 사람과 사실을 말하는 사람을 구분하는 데 하등 도움이 되지 않는다. 불친절, 불확실, 주저함 등을 표하는 행동 특성들도 마찬가지다.[10] 그런 행동이 화자에게 믿음이 가지 않게 할 수는 있어도, 화자가 실제로 부정직한지 여부와는 전혀 상관없다. 상대가 친근하고, 침착하고, 자신감 있고, 열성적인 모습을 보인다면 정직한 사람이라는 인상을 받을 가능성은 높겠지만, 그런 모습과 상대가 실제로 정직한지 여부도 완전히 무관하다. 어떻게 행동해야 상대에게 정직하게 또는 부정직하게 인식될지에 대해서 우리는 비교적 정확하게 예측할 수 있다. 하지만 이런 예측이 실제로 누가 참말을 하고 누가 거짓말을 하는지 판별하는 데는 쓸모가 없다. 거짓말을 신호하는 검증된 신체 징후를 굳이 대라면, 거짓말을 할 때는 목소리 톤이 다소 높아지고 동공이 약간 확장되는 경향이 있다는 것 정도다. 하지만 이것도 우리의 거짓말 탐지 능력을 높여 주진 못한다. 거짓말 감지 훈련을 받은 사람의 경우, 거짓말하는 사람을 알아채는 능력은 조금 높을지 모르겠으나 대신 진실을 말하는 사람을 알아보는 눈치는 좀 떨어진다. 합쳐서 생각하면 훈련받은 사람들의 명중률이 더 높다고도 할 수 없다.[11] 이렇게 말하는 게 더 맞을 것 같다. 거짓말 감지 훈련은 우리를 정직한 사람과 부정직한 사람을 구분하는 거짓말 감별사로 만든다기보다 그저 남들을 더 의심하게 만들 뿐이다.

상대가 거짓말을 하는지 참말을 하는지 추측하는 실험들에서 참가자들이 옳게 추측할 확률은 동전 던지기 확률보다 약간 더 높은 54퍼센트에 불과했다. 통계적으로 거짓말 판별 노력이 영 무의미하다고는 할 수 없지만, 정확도가 너무 낮아서 실용성을 체감하기 어렵다. 거짓말 탐지 시도에서 우리가 순전한 우연보다는 약간 높은 확률로 성공하는 이유는 아마도, 우리 중에 속이 뻔히 보이는 무능한 거짓말쟁이들이 더러 있기 때문일 것이다. 이는 무능한 거짓말쟁이는 소수고 대부분의 거짓말쟁이들은 꽤 영리하다는 방증이기도 하다.

유의할 점이 또 있다. 실험에 임하는 사람들은 자신이 거짓말에 속을 가능성이 있다는 것을 이미 인지하고 있는 사람들이다. 하지만 일상에서 우리는 좀처럼 그런 태도로 남들을 대하지 않는다. 오히려 남들이 대체로 진실을 말한다는 비非반성적 추정을 기반으로 행동한다. 여기에 우리가 원래 거짓말 탐지에 취약하다는 점까지 더해져서, 거짓말 실력이 무난한 사람이면 누구나 대개는 거짓말에 성공하게 된다. 또한 즉흥적 거짓말이 계획적 거짓말보다 성공률이 다소 높게 나온다.

정직해 보이는 것과 실제로 정직한 것 사이에는 연관성

이 거의 없다. 정직해 보이는 사람들의 대부분은 실제로 정직하지만, 부정직한 사람들도 대부분 정직해 보인다. 거기다 부정직해 보이는 사람들 중에도 실제로는 정직한 사람들이 많다. 물론 겉으로도 부정직해 보이고 실제로도 부정직한 형편없는 거짓말쟁이들도 있다. 거짓말쟁이에게서 관찰되는 행동을 정직한 사람이 하기도 하고, 정직에 결부할 만한 행동을 거짓말쟁이가 하기도 한다. 정직과 부정직의 '징후들'은 실질적인 가치가 거의 없다. 이런 징후들을 연구해서 배울 수 있는 것은 기껏해야 더욱 능숙한 거짓말쟁이가 되는 방법일 뿐 거짓말을 더 능숙하게 잡아내는 방법이 아니다. 정직해 보일 방법을 배울 수는 있지만, 그것이 누가 실제로 정직한지 판단하는 데는 도움되지 않는다.

거짓말 감지 능력을 키우고 싶다면 할 일은 오직 한 가지다. 사람들이 말할 때 어떻게 행동하는지보다 무슨 말을 하는지에 집중하는 것이다. 첫째, 내가 이미 믿는 것들로 미루어 볼 때 상대의 말이 이치에 맞게 들리는가? 상대에게 주장에 대한 근거가 있는가? 둘째, 상대가 평소 정직한 사람인지, 거짓말 전력이 있는지에 대한 지식은 당연히 도움이 된다. 거짓말쟁이가 자기 죄를 직접 실토하는 경우를 제외하면, 거짓말쟁이를 드러내는 것은 거짓말쟁이의 행동이 아니라 실제 사실이다. 거짓말쟁이를 잡고 싶은가? 그렇다면 중

점을 두고 살필 것은 거짓말쟁이의 내면이 아니라 현실 세계의 사실관계다. 말의 내용이 사실인지 평가할 책임은 화자와 청자 모두에게 있다.

앞서 말했다시피 사람들이 대체로 참말을 한다고 가정하는 것이 현명하다. 이유는 간단하다. 사람들이 실제로 대체로 참말을 하기 때문이다. 때로는 속겠지만 평생 아무도 믿지 못하고 사는 것보다는 가끔씩 속아 넘어가는 것이 낫다. 믿음 없는 삶은 외로운 삶이다. 우리가 진실과 거짓을 어떻게 생각하는지가 우리의 자기이해 능력, 우리의 대인관계 양상, 우리가 사는 사회에 영향을 미친다. 성경에 이런 말이 나온다. "사람은 모두 거짓말을 하느니라."(시편 116편 11절) 틀린 말은 아니다. 다만 대개의 사람은 상당히 정직하다고 말하는 편이 더 정확한 표현이다. 사람은 단지 항상 정직하지는 않을 뿐이다.

우리는 거짓말을 비난한다. 하지만 그것이 우리가 반대 극단이 되어야 한다는 의미는 아니다. 서로에게 항상 온전히 진실만을 말할 것을 고집할 수는 없다. 모두가 서로에게 자기 생각을 낱낱이 말한다면 우리는 서로를 견딜 수 있을까? 우리는 남들에게 숨길 속내는 숨기고, 사적인 것과 공적인 것을 구분해야 한다. 게오르크 지멜은 사회적 관계는 일정량의 은폐와 비밀주의를 필요로 하며, 그 필요량은 관계의 유형에 따라 달라진다고 했다. 그는 거짓말을 이 필요의 원초적 표출로 보았다.[12] 칸트는 《인류학》에서 비슷한 견해를 보인다. 여기서 그는 생각도 소리 내서 하는 외계 행성을 상상한다. 그곳의 행성인들은 무슨 생각을 하는지 겉으로 드러나기 때문에 속내를 숨길 수 없다.[13] 칸트는 그들이 순수한 천사가 아니고서야 서로를 참아 내기 어려울 것이며, 그들이 공동체를 형성하는 것은 불가능할 거라고 말한다. 인간 공동체는 어느 정도의 가식을 요한다. 앞서 보았다시피 칸트는 속내를 숨기는 것은 허용할 수 있지만 거짓말은 허용할 수 없다고 믿는다.

진실이 일상 소통에서 그다지 중요하지 않을 때도 많고, 대인관계의 '접착제' 정도로만 기능할 때도 많다. 우리의 언어는 진실 전달 외에도 수많은 용도를 가지며, 상황에 따라서는 진실을 말하는 것보다 훨씬 중요한 기능을 한다. 만약 사사건건 그리고 기회 있을 때마다 (예를 들어 파티에서 술을 마시며 허물없이 담소를 나눌 때조차) 심오한 절대 진리 추구만을 고집하면서 사교의 사회규범을 무시하는 사람이 있다면? 결국 상대하기 힘든 사람으로 찍혀서 파티에 초대받는 일이 아예 없어질 것이다. 세상에는 병적인 거짓말쟁이들만 있는 게 아니다. 사회적 관계에 대한 이해가 결여된 병적인 참말쟁이들도 있다. 우리가 항상 있는 그대로의 사실만을 말할 필요는 없으며, 때로는 완곡어법이나 그 비슷한 것에 의지하는 것이 사려 깊은 선택이라는 뜻이다. 저녁 모임에서 식후 연설을 요청받았다고 가정해 보자. 당연히 사람들은 내가 식당 리뷰에서 말하는 방식으로 말할 거라고 생각하지 않는다. 디너 연설은 소스가 너무 짜다는 둥 고기가 너무 퍽퍽하다는 둥의 비판적 발언을 할 자리가 아니다. 같은 맥락에서 부고기사도 대개 고인을 최대한 호의적으로 표현한다. 고인을 무능하고 허황되고 재수 없는 인간으로 묘사하는 것은, 설사 그것이 사실이라 해도, 관습법에 대한 고약한 위반으로 간주된다. 거짓말과 개소리가 용납될 뿐 아니라 기대되는 상황, 그런 것들이 남들에게 해를 끼치지 않는 상황도 많다. 화자에게 진실 진술을 요구하지 않는 상황, 오히려 진실 회피가 화자와 청자 모두가 전적으로 바라는 것인 상황도 있다.

앞서 말했듯 거짓말은 청자가 상대가 진실을 말한다고 기대할 합리적인 이유가 있을 때만 성립한다. 거짓말이 쉬운 해법처럼 보일 수 있으나 길게 봐서는 그렇지 않을 때가 많다. 거짓말은 진실성에는 들지 않는 유지비용이 든다. 일단 거짓말이 들통나지 않으려면 뱉은 말을 기억하고 입조심을 해야 한다. 즉 자기 감시가 필요하다. 만약 여러 사람에게 거짓말을 하고 다녔다면, 특히 그 거짓말들이 완벽히 일치하지 않는다면 문제가 더 커진다. 내가 거짓말한 사람들 중 몇몇이 한자리에 모이기라도 하면 입장이 엄청 난감해진다. 거짓말쟁이는 남들을 대할 때 정신적으로 온전히 그 자리에 임하기 어렵다. 자기 감시가 진정한 교감 형성의 관건인 즉 시성immediacy을 방해하기 때문이다. 거짓말은 탄로 날 수 있다는 점에서 남들이 나와 맺은 친분을 해칠 잠재력을 가진다. 탄로 나지 않아도, 거짓말은 내적 거리감을 만들기에 내가 그들과 맺은 친분에도 악영향을 미친다. 남들을 진실하게 대하는 사람이라면 이런 것들에 정신에너지를 쓸 필요가 없다.

소설가 프란츠 카프카가 말했다. "가급적 거짓말을 하지 않을 유일한 방법은 가급적 거짓말을 하지 않는 것이지, 거짓말할 기회를 최소화하는 것이 아니다."[14] 카프카의 요점은 진실성은 외부 환경이 아닌 자기 안에 뿌리를 두어야 한다는 것이다. 외부 환경이 잘못된 행동을 막아서 옳게 행동했을 뿐이라면 인격 형성이 됐다고 볼 수 없다. 우리가 사소한 일에도 거짓말을 피해야 하는 중요한 이유는 그렇게 하지 않으면 거짓말에 쉽게 익숙해져 거짓말쟁이가 되기 때문이다. 아리스토텔레스는 도덕 교육이란 무엇이 옳은지를 제때에 제대로 된 방식으로 느끼는 법을 배우는 것이라고 했다. 거짓말을 자꾸 하면 옳게 느끼는 법을 잊어버리게 된다.

최근의 신경과학 연구도 아리스토텔레스의 말을 뒷받침한다. 거짓말을 자주 하면 거짓말할 때 불편한 감정을 유발하는 뇌신경 신호의 수가 줄어든다.[15] 쉽게 말해 죄책감이나 거북함 없이 쉽게 거짓말을 하게 된다.

그뿐 아니다. 우리에게는 자신을 알면 타인도 알 수 있다는 망상이 있다. 하지만 우리의 실체는 구제불능의 자기기만자다. 즉 우리는 자신을 거의 알지 못한다. 그럼에도 우리는 자신에 대한 이해를 남들에게도 적용한다. 예를 들어 폭력에 대한 자아상이 그 사람의 폭력 의존도에 결정적으로 작용한다.[16] 즉 폭력 성향이 있는 사람은 남들도 비슷하게 폭력적일 것으로 생각하고, 따라서 해당 상황에서 폭력 사용이 정당하다고 믿을 가능성이 높다. 마찬가지로 남들을 속이는 사람은 정직한 사람과 달리 남들도 기만적이라고 인식한다.[17] 거짓말하는 사람은 남들도 거짓말한다고 생각한다. 자신이 믿지 못할 사람이니 남들도 믿지 못할 사람들로 보인다. 그리고 기만적이고 믿지 못할 사람들에게 거짓말하는 것이 뭐가 부당하냐는 결론에 이른다. 악순환이다. 거짓말은 자기강화 성향을 가진다. 거짓말쟁이는 정직한 사람과는 다른 세상에 산다. 믿을 수 있는 세상 대신 믿지 못할 세상에 산다. 사람들은 대체로 믿을 만하다는 것이 진실이다. 하지만 거짓말쟁이는 거짓말을 함으로써 이 진실에 대한 자신의 믿음을 날린다. 또한 거짓말쟁이는 거짓말을 할 때마다 자신의 세상이 점점 더 믿을 수 없는 세상이 되는 경험을 한다. 이는 좋은 삶이라고 할 수 없다.

누군가 내게 거짓말을 해서 내가 이득을 본 경우는 있었던가? 한 건도 기억나지 않는다. 물론 이 기억은 내가 나중에 거짓말을 알게 된 경우들에 국한된다. 남의 거짓말이 내게 엄청난 이득이 된 경우가 있었을 수도 있다. 하지만 나는 그 가능성을 매우 낮게 본다. 또한 장기적으로 내가 남에게 거짓말을 해서 상대가 이득을 본 경우도 생각나지 않는다. 내가 한 거짓말이 모두 심각한 피해를 야기했다는 뜻은 아니다. 대개는 전적으로 무해했다. 하지만 거짓말이 아닌 다른 해법을 선택하지 않은 것은 후회된다.

거짓말보다 더 심각한 문제는 어쩌면 트루시니스일지 모른다. 계획적인 속임수와 달리 트루시니스는 정신적 나태에 해당한다. 자신이 진실이라고 믿는 것이 정말로 진실인지 굳이 확인하려 들지 않은 우리의 성향, 이것이 우리의 상호작용을 타고 흘러 다니는 허위의 주요 원천이다. 그래도 거짓말이 트루시니스보다 더 고약한 일인 것은 맞다. 거짓말은 명백한 배임행위기 때문이다. 거짓말하는 사람은 우리의 호의와 믿음에 기생하고, 우리의 호의와 믿음을 우리의 뒤통수를 치는 데 이용하는 사람이다.

우리에게는 자신과 타인 모두에게 진실하기 위해 노력할 도덕적 의무가 있다. 여기서 가장 중요한 것은 진실이 아니다. 진실은 우리의 통제권 밖에 있다. 진실은 우리의 의지와 욕망을 따르지 않는다. 그것이 진실이 진실로서 존재하는 이유다. 반면 진실성은 충분히 우리 의지의 대상이 될 수 있다. 진실성의 두 가지 덕목인 정확성과 진정성을 실현하기 위해 고급 진리 이론 따위는 필요하지 않다. 자신이 믿는 바를 말하고, 그것의 진위 확인을 위해 합리적인 노력을 하는 것으로 충분하다. 우리 모두가 할 수 있어야 하지만, 실제로는 우리 모두가 때때로 미흡한 일이기도 하다.

참고 문헌

서문

1. Timothy R. Levine, *Duped: Truth-Default Theory and the Social Science of Lying and Deception*, Tuscaloosa: The University of Alabama Press 2020, 9장.
2. 다음 자료에서 해당 연구를 개관할 수 있다. Jorg Meibauer(편집), *The Oxford Handbook of Lying*, Oxford: Oxford University Press 2018.
3. 다음 자료에서 해당 연구를 간략히 개관할 수 있다. Bella M. Depaulo, 'Lying in Social Psychology', Jorg Meibauer(편집), The Oxford Handbook of Lying, Oxford: Oxford University Press 2018.

1장. 거짓말이란 무엇인가

1. Arne Næss, *'Truth' as Conceived by Those Who Are Not Professional Philosophers*, texts published by Det Norske Videnskaps-Akademi i Oslo Il. Hist.-Filos. Klass 1938 No. 4, Oslo: Jacob Dybwad 1938.
2. Aristotle, Metaphysics, W. D. Ross(번역), *The Complete Works of Aristotle ii*, Princeton, Princeton University Press 1985, 1011b25.

3. Bernard Williams, *Truth and Truthfulness: An Essay in Genealogy*, Princeton: Princeton University Press 2002.

4. Immanuel Kant, 'An Answer to the Question: "What is Enlightenment?"', *Kant: Political Writings*, H. B. Nisbet(번역), Cambridge: Cambridge University Press 1991, p. 54.

5. Augustine, 'Enchiridion' & 'De Mendacio', Kevin DeLapp & Jeremy Henkel(편집), *Lying and Truthfulness, Indianapolis/* Cambridge: Hackett Publishing Company 2016, pp. 4–35.

6. Immanuel Kant, *Critique of the Power of Judgement*, Paul Guyer & Eric Matthews(번역), Cambridge: Cambridge University Press 2002, §53.

7. Ludwig Wittgenstein, *Philosophical Investigations*, G.E.M. Anscombe(번역), Oxford: Blackwell: 1963, §249.

8. 앞의 책, §580.

9. George Orwell, 'Politics and the English Language', *Horizon*, 76/1946.

10. George Orwell, *Nineteen Eighty-Four: A Novel,* London: Secker & Warburg 1949.

11. Harry Frankfurt, 'On Bullshit', *The Importance of What We Care About*, Cambridge: Cambridge University Press 1988, p. 130.

2장. 거짓말의 윤리

1. Sissela Bok, *Lying: Moral Choice in Public and Private Life*, New York: Vintage Books 1979.

2. Aristotle, *Nicomachean Ethics*, W. D. Ross(번역), *The Complete Works of Aristotle ii*, Princeton, Princeton University Press 1985, 1011b25, 1127a30.

3. 앞의 책, 1127a27.

4. 앞의 책, 1127b4–8.

5. Aristotle, *Rhetoric*, W. Rhys Roberts(번역), *The Complete Works of Aristotle ii*, Princeton, Princeton University Press 1985, 1417b36–1418a1.

6. Hugo Grotius, *The Law of War and Peace*, Francis W. Kelsey(번역), Kevin DeLapp & Jeremy Henkel(편집), *Lying and Truthfulness*, Indianapolis/Cambridge: Hackett Publishing Company 2016, pp. 38–52.

7. Blaise Pascal, *The Provincial Letters*, A. J. Krailsheimer(번역), London: Penguin Books 1988, 9th letter, p. 140f.

8. Augustine, *Enchiridion & De mendacio*, pp. 4–35.

9. Thomas Aquinas, *Summa theologiae*, Kevin DeLapp & Jeremy Henkel(편집), *Lying and Truthfulness*, Indianapolis/Cambridge: Hackett Publishing Company 2016, pp. 158–84.

10. Immanuel Kant, *Groundwork of the Metaphysics of Morals*, Mary Gregor(번역), Cambridge: Cambridge University Press 2011, p. 402.

11. Immanuel Kant, *Anthropology From a Pragmatic Point of View*, Mary J. Gregor(번역), The Hague: Martinus Nijhoff 1974, §14. Immanuel Kant, *The Metaphysics of Morals*, Mary Gregor(번역), Cambridge: Cambridge University Press 1991, p. 431.

12. Immanuel Kant, *Lectures on Ethics*, Peter Heath(번역), Cambridge: Cambridge University Press 1997, p. 700.

13. Kant, *Lectures on Ethics*, p. 62.

14. Kant, *Anthropology From a Pragmatic Point of View*, p. 332.

15. Kant, *Lectures on Ethics*, p. 446ff.

16. Kant, *The Metaphysics of Morals*, p. 429. Kant, *Lectures on Ethics*, pp. 604f., 700.

17. Kant, *The Metaphysics of Morals*, p. 429.

18. 앞의 책, p. 426.

19. Immanuel Kant, 'Uber ein vermeintes Recht aus Menschenliebe zu lugen', *Kants gesammelte Schriften*, vol. viii, Preußischen Akademie der Wissenschaften(편집), de Gruyter, Berlin/New York 1902–, p. 426.

20. Kant, *Groundwork of the Metaphysics of Morals*, p. 421.

21. 앞의 책, p. 429.

22. Baruch Spinoza, *The Ethics and Selected Letters*, Seymour Feldman(번역), Indianapolis: Hackett 1982, E4p72, p. 195.

23. Kant, 'Uber ein vermeintes Recht aus Menschenliebe zu lugen'.

24. 앞의 책, p. 427.

25. 앞의 책, pp. 426, 429.

26. Williams, *Truth and Truthfulness*, p. 110.

27. 앞의 책, p. 115.

28. Arthur Schopenhauer, *Die Welt als Wille und Vorstellung I, Samtliche Werke*, Band i, Frankfurt a.M., Suhrkamp Verlag 1986, pp. 461–6; Arthur Schopenhauer, *Uber die Grundlage der Moral, Samtliche Werke, Band iii*, Frankfurt a.M., Suhrkamp Verlag, 1986, pp. 755–9.

29. Jeremy Bentham, *An Introduction to the Principles of Morals and Legislation*, London: Methuen, 1982 (1789).

30. John Stuart Mill, 'Bentham', *Essays on Ethics, Religion and Society*, London: Routledge 1969, p. 112.

31. John Stuart Mill, 'Utilitarianism', *Essays on Ethics, Religion and Society*, London: Routledge 1969, p. 223.

32. John Stuart Mill, 'Whewell on Moral Philosophy', *Essays on Ethics, Religion and Society*, London: Routledge 1969, p. 182.

33. Bok, *Lying*, p. 115.

34. Michel de Montaigne, 'On Liars', *The Complete Essays*, M. A. Screech(번역), London: Penguin Books 1991, p. 35.

35. Adam Smith, *The Theory of Moral Sentiments*, Glasgow Edition, vol. i, Indianapolis: Liberty Fund 1976, p. 338.

3장. 나에게 하는 거짓말

1. Robert Trivers, *The Folly of Fools: The Logic of Deceit and Self-Deception in Human Life*, New York: Basic Books 2011.

2. Friedrich Nietzsche, *Human, All Too Human*, R. J. Hollingdale(번역), Cambridge: Cambridge University Press 1996, §52, p. 40.

3. K. Patricia Cross, 'Not Can But Will College Teachers Be Improved?', *New Directions for Higher Education*, 17/1977.

4. Emily Pronin, Daniel Y. Lin, & Lee Ross, 'The Bias Blind Spot: Perceptions of Bias in Self Versus Others', *Personality and Social Psychology Bulletin*, 3/2002.

5. Bernard Williams, 'Truth, Politics, and Self-Deception', *Social Research*, 3/1996, p. 606.

6. Blaise Pascal, *Pensees and Other Writings*, Honor Levi(번역), Oxford: Oxford University Press 1999, p. 179.

7. Jean-Jacques Rousseau, *The Reveries of the Solitary Walker*, Charles E. Butterworth(번역), Indianapolis: Hackett Publishing Company, Indianapolis 1992, p. 44.

8. 루소와 흄의 우정과 불화에 대해서는 다음을 참고 바람. David Edmonds & John Eidinow, *Rousseau's Dog: A Tale of Two Great Thinkers at War in the Age of Enlightenment*, London: Faber & Faber 2007.

9. Rousseau, *The Reveries of the Solitary Walker*, p. 84.

10. Jean-Jacques Rousseau, *The Confessions and Correspondence*, Including the Letters to Malherbes, Christopher Kelly(편집), Hanover/London: University Press of New England 1995, p. 551f.

11. Rousseau, *The Confessions and Correspondence*, pp. 289, 300.

12. 앞의 책, p. 433.

13. Rousseau, *The Reveries of the Solitary Walker*, p. 53.

14. 루소는 《고백록》에서 자신이 아이들을 보육원에 보낸 일을 누구에게나 거리낌 없이 말했다고 주장한다. (Rousseau, *The Confessions and Correspondence*, p. 300.)

15. Rousseau, *The Reveries of the Solitary Walker*, p. 52.

16. 앞의 책, p. 57.

17. 다음에서 인용. Joanna Bourke, *An Intimate History of Killing: Face-to-Face Killing in Twentieth-Century Warfare*, London: Granta Books 1999, p. 171f.

18. Rousseau, *The Reveries of the Solitary Walker*, p. 1.

19. Smith, *The Theory of Moral Sentiments*, p. 84.

20. 앞의 책, p. 110.

21. 앞의 책, p. 153.

22. 앞의 책, p. 113f.

23. 앞의 책, p. 158f.

24. T. S. Eliot, *The Complete Poems and Plays*, London/Boston: Faber & Faber 1969, p. 14.

25. Erving Goffman, *The Presentation of Self in Everyday Life*, New York: Doubleday 1959.

26. Kant, *Anthropology From a Pragmatic Point of View*, §14, p. 151.

27. 다음을 참조 바람. Paul Ricoeur, *Oneself as Another*, Kathleen Blamey(번역), Chicago: University of Chicago Press 1992.

28. Francois de La Rochefoucauld, *Collected Maxims and other Reflections*, E. H. & A. M. Blackmore & Francine Giguere(번역), Oxford: Oxford University Press 2007, §119.

29. Quin M. Chrobak & Maria S. Zaragoza, 'Inventing Stories: Forcing Witnesses to Fabricate Entire Fictitious Events Leads to Freely Reported False Memories', *Psychonomic Bulletin and Review*, 15/2008.

30. Danielle Polage, 'The Effect of Telling Lies on Belief in the Truth', *Europe's Journal of Psychology*, 4/2017.

4장. 거짓말과 우정

1. Erving Goffman, *The Presentation of Self in Everyday Life*, New York: Doubleday 1959, p. 59.

2. Aristotle, Nicomachean Ethics, 1099a31–b7, 1155a22–6, 1169b10.

3. Aristotle, *Eudemian Ethics*, J. Solomon(번역), *The Complete Works of Aristotle ii*, Princeton, Princeton University Press 1985, 1237b11–30.

4. La Rochefoucauld, *Collected Maxims*, §84.

5. 앞의 책, §86.

6. Kant, *The Metaphysics of Morals*, p. 471. Kant, *Lectures on Ethics*, p. 425f.

7. Kant, *Lectures on Ethics*, p. 679.

8. Kant, *The Metaphysics of Morals*, p. 471ff.

9. Kant, 앞의 책, p. 471.

10. Kant, *Lectures on Ethics*, p. 430.

11. Emmanuel Carrere, *The Adversary*, Linda Coverdale(번역), London: Picador 2002.

12. La Rochefoucauld, *Collected Maxims*, §410.

13. 앞의 책, §147.

14. Plato, *Laws*, A. E. Taylor(번역), *Plato: Collected Dialogues*, Princeton: Princeton University Press 1989, 730c.

5장. 거짓말의 정치

1. Plato, *Republic*, Paul Shorey(번역), *Plato: Collected Dialogues*, Princeton: Princeton University Press 1989, 415d.

2. 앞의 책, 389b.
3. 앞의 책, 389b–c.
4. 앞의 책, 389d.
5. 앞의 책, 459c–d.
6. Plato, *Laws*, 730c.
7. Niccolò Machiavelli, *The Prince*, Peter Bondanella(번역), Oxford: Oxford University Press 2005, 18장. 다음을 참조 바람. Niccolò Machiavelli, *Discourses On Livy*, Harvey C. Mansfield & Nathan Tarcov(번역), Chicago: The University of Chicago Press 1996, Book iii.xl-xlii.
8. Machiavelli, *Discourses On Livy*, Book I.iii.
9. Thomas Hobbes, *Leviathan*, Cambridge: Cambridge University Press 1991, 27장, p. 206.
10. 앞의 책, 13장, p. 90.
11. 앞의 책, 30장, p. 231f.
12. 앞의 책, 42장.
13. 앞의 책, 46장, p. 474.
14. Max Weber, 'The Profession and Vocation of Politics', *Political Writings*, Ronald Speirs(번역), Cambridge: Cambridge University Press, p. 359f.
15. 앞의 책, p. 360.
16. '약한 결과주의'에 대해서는 다음을 참고 바람. Brian Barry, *Liberty and Justice*, Oxford: Clarendon Press, 1991.
17. Weber, 'The Profession and Vocation of Politics', p. 359.
18. Hannah Arendt, *Essays in Understanding*, New York: Schocken Books 1994, p. 354.
19. Alexandre Koyré, 'The Political Foundation of the Modern Lie', *Contemporary Jewish Record*, viii/1945, s. 291.
20. Hannah Arendt, 'Truth and Politics', *Between Past and Future: Eight Exercises in Political Thought*, New York: Viking Press 1969.

21. Hannah Arendt, *The Origins of Totalitarianism*, San Diego/New York/London: Harcourt Brace & Company 1979 (1951), p. 9.

22. Hannah Arendt, *Essays in Understanding*, New York: Schocken Books 1994, p. 147.

23. 다음에서 인용. James M. Glass, *'Life Unworthy of Life': Racial Phobia and Mass Murder in Hitler's Germany*, Basic Books, New York 1997, p. 27.

24. Arendt, *Essays in Understanding*, p. 354. 다음을 참조 바람. Arendt, *The Origins of Totalitarianism*, pp. 385, 392.

25. Hannah Arendt, 'From an Interview', *New York Review of Books*, 26 October 1978.

26. Arendt, *The Origins of Totalitarianism*, p. 478.

27. Aristotle, *Nicomachean Ethics*, 1161b9f.

28. Arendt, *The Origins of Totalitarianism*, p. 477.

29. Harry Frankfurt, 'On Bullshit', *The Importance of What We Care About*, Cambridge: Cambridge University Press 1988, p. 133.

30. Hannah Arendt, *Between Past and Future. Eight Exercises in Political Thought*, p. 241.

31. 다음을 참조 바람. Eric Alterman, *When Presidents Lie: A History*, New York: Viking 2004.

32. Jody Powell, *The Other Side of the Story*, New York: William Morrow & Co 1984, p. 223.

33. 다음을 참조 바람. John J. Mearsheimer, *Why Leaders Lie: The Truth About Lying in International Politics*, Oxford/New York: Oxford University Press 2013, pp. 50–55.

34. 앞의 책.

35. Henry Kissinger, *Years of Upheaval*, Boston: Little, Brown and Company 1982, pp. 214, 485.

36. John Rawls, *A Theory of Justice*, Cambridge, ma: Harvard University Press, 1971, p. 133; John Rawls, *Political Liberalism*, New York:

Columbia University Press (1993), p. 66ff.

37. Glen Newey, 'Political Lying: A Defense', *Public Affairs Quarterly*, 2/1997.

38. 도널드 트럼프의 공개적 허위진술을 가장 광범위하게 다룬 자료는 다음과 같다. Washington Post Fact Checker Staff, *Donald Trump and His Assault on Truth: The President's Falsehoods, Misleading Claims and Flat-Out Lies*, New York: Scribner 2020.

39. Pew Research Center, 'Republicans and Democrats Agree: They Can't Agree on Basic Facts', 2018년 8월 23일, www.pewresearch. org.

6장. 우리 안의 거짓말

1. 다음을 참조 바람. Sissela Bok, *Lying: Moral Choice in Public and Private Life*, New York: Vintage Books 1979.

2. Knud Ejler Løgstrup, *The Ethical Demand*, Theodor I. Jensen(번역), Notre Dame: University of Notre Dame Press 1997, p. 8.

3. Georg Simmel, *Philosophie des Geldes, Gesamtausgabe Band 6*, Suhrkamp, Frankfurt a.M. 1989, p. 215.

4. 앞의 책.

5. Georg Simmel, *Soziologie. Untersuchungen uber die Formen der Vergesellschaftung, Gesamtausgabe Band 11*, Suhrkamp, Frankfurt a.M. 1989, p. 393.

6. Levine, *Duped*, 9장.

7. Hannah Arendt, *Crises of the Republic*, San Diego/New York/London: Harcourt Brace 1972, p. 6.

8. Michel de Montaigne, 'On Giving the Lie', The Complete Essays, M. A. Screech(번역), London: Penguin Books 1991, p. 757.

9. Levine, *Duped*, p. 9.

10. 앞의 책, p. 248.

11. 앞의 책, p. 46.

12. Simmel, *Soziologie. Untersuchungen uber die Formen der Vergesellschaftung*, pp. 383–414. Georg Simmel, 'Zur Psychologie und Soziologie der Luge', *Aufsatze und Abhandlungen 1894-1901, Gesamtausgabe Band 5*, Suhrkamp, Frankfurt a.M. 1995, pp. 406–19.

13. Kant, *Anthropology From a Pragmatic Point of View*, p. 322.

14. Franz Kafka, *Die Zurauer Aphorismen*, Frankfurt a.M. Suhrkamp 2006, §58.

15. Neil Garrett, Stephanie C. Lazzaro, Dan Ariely & Tali Sharot, 'The Brain Adapts to Dishonesty', *Nature Neuroscience* 19/2016.

16. Lonnie Athens, *Violent Criminal Acts and Actors Revisited*, Urbana/Chicago: University of Illinois Press 1997, 6–7장.

17. Brad J. Sagarin, Kelton L. Rhoads & Robert B. Cialdini, 'Deceiver's Distrust: Denigration as a Consequence of Undiscovered Deception', *Personality and Social Psychology Bulletin*, 11/1998.

감사의 말

원고를 읽고 논평해 준 시리 쇠리, 에스펜 감룬드, 에릭 토르스텐센, 엘링 카게, 요아킴 보텐에게 크게 신세를 졌다. 이 책에 있을지 모를 오류나 부정확에 대한 책임은 전적으로 내게 있다. 진실하려고 노력했지만 약간의 트루시니스와 개소리가 슬그머니 끼어들었을 가능성을 완전히 배제하지 못한다. 다만 이 책에 거짓말은 없기를 강력히 바란다.

역자의 말

팬데믹이 확산되던 겨울, 부암동 석파정 미술관에서 '보통의 거짓말'이라는 전시가 있었다. 크고 작은 거짓말들이 우리 삶에 미치는 영향을 주제로 여러 작가의 다양한 작품을 모은 전시였다. 우리의 의식 안팎을 흘러 다니며 생활과 관계의 윤활유 역할을 하는 거짓말부터, 정치권력이 시민을 타자화하고 현실을 재구성하는 거짓말에 이르기까지, 작품들이 말하는 거짓말의 종류는 다양했지만 한 가지 공통점이 있었다. 그것은 참과 거짓의 경계는 놀랄 만큼 모호하다는 것이었다. 실제로 작품 중에는 정물화로 위장한 사진도 있었다.

거짓말은 인류만큼이나 오래된 것이지만, 가상공간이라는 유사현실과 인공지능이라는 유사의식이 우리 삶의 중심에 들어오면서 거짓말은 다시 한번 인류사적 의미를 가진 현상이 됐다. 우리는 이제 거짓말이 문화고 문명인 시대에 산다. 거짓과 참의 경계가 지금처럼 모호했던 적이 있을까.

《거짓말의 철학》은 그날의 추상적인 전시를 차근히 풀어 주는 도슨트 같은 책이었다. 저자는 유명한 철학자들과 역사적인 거짓말쟁이들을 차례로 등장시켜 거짓말이란 무엇인지, 인간은 왜 거짓말을 하는지, 왜 여전히 '진실이 원칙'이 되어야 하는지 말해 준다. 거짓이 팬데믹처럼 번진 시대의 우리에게 그럼에도 '서로를 믿을 이유'를 접종한다.

2022년 11월 이재경

이 솜씨 좋은, 짤막한 철학 에세이를 읽는 내내 존 스튜어트 밀의 《자유론》이 떠올랐다. 자유를 기반으로 개인이 개성을 발전시키고 시민사회가 여론의 자유를 통해 합리적 결론에 도달할 수 있다는 계몽적 비전에서 우리 사회가 얼마나 멀리 떨어져 나왔는지 실감했기 때문이다. 이런 측면에서 《거짓말의 철학》은 2세기 전 그토록 찬란히 휘날리던 자유의 휘장에 어느새 길게 드리워진 어두운 그림자에 관한 책이다. 만약 밀이 이 시대에 다시 태어나 자신이 예고한 사회의 도래(특히 트럼프의 대통령 당선!)를 보았다면, 바로 이런 책을 쓰지 않았을지!

이 책이 우리에게 넌지시 일깨워 주듯이 거짓말은 의도적 기만이라기보다 무지의 소치에 가깝다. 거짓말은 정확성을 기하지 않는 것, 무언가를 제대로 알지도 못하면서 별다른 검증 노력 없이 믿는 것에 기인하니까. 고로 우리가 조금 더 진실하기 위해서는 정신적 나태를 교정하고, 자기기만의 덫에서 벗어나는 것이 우선이다. 저자는 우리가 스스로에게나 서로에게 진실한 존재가 되기 위해서는, 그리하여 자유로운 사회를 이루기 위해서는 보완돼야 할 윤리적 결점이 무엇인지 차분히 되묻고, 현자처럼 위트 있고 부드러운 어조로 개선을 권한다.

이런 점에서 나는 이 책을 이 시대의 필독도서 목록에 꼽아 두고 싶다. 우리가 단지 합리적 이성을 갖춘 존재라는 이유만으로, 각자의 의견을 자유로이 형성하고 표현할 수 있는 권리가 보장되어 있다는 이유만으로 보편의 진리에 수렴할 수 있다는 희망을 기약하기 어려운 탈진실의 시대 한복판에서, 여전히 우리가 진실하고 자유로울 수 있다는 믿음을 간직하고 있는 당신에게 일독을 권하고 싶다.

송민경 변호사
전 서울고등법원 판사, 《법관의 일》 저자

HB1020

거짓말의 철학

라르스 스벤젠 지음, 이재경 옮김

1판 1쇄 2022년 12월 22일
조용범, 눈씨, 김정옥 편집
김민정 디자인
황은진 마케팅
한승지류유통, 정민문화사 제작

에이치비*프레스
   (도서출판 어떤책)
서울시 서대문구 성산로 253-4
   402호
전화 02-333-1395
팩스 02-6442-1395
hbpress.editor@gmail.com
hbpress.kr

ISBN 979-11-90314-21-3